La maravilla de los unicornios

Diana Cooper

La maravilla de los unicornios

Ascendiendo a los reinos angélicos superiores

EDICIONES OBELISCO

Si este libro le ha interesado y desea que le mantengamos informado de nuestras publicaciones, escríbanos indicándonos qué temas son de su interés (Astrología, Autoayuda, Ciencias Ocultas, Artes Marciales, Naturismo, Espiritualidad, Tradición…) y gustosamente le complaceremos.

Puede consultar nuestro catálogo en www.edicionesobelisco.com

Colección Nueva conciencia
La maravilla de los unicornios
Diana Cooper

1.ª edición: abril de 2022

Título original: *The Wonder of Unicorns*

Traducción: *Manuel Manzano*
Corrección: *M.ª Jesús Rodríguez*

Edita: Ediciones Obelisco, S. L.
Collita, 23-25. Pol. Ind. Molí de la Bastida
08191 Rubí - Barcelona - España
Tel. 93 309 85 25
E-mail: info@edicionesobelisco.com

ISBN: 978-84-9111-838-1
Depósito Legal: B-3.844-2022

Impreso en ANMAN, Gràfiques del Vallès, S. L.
c/ Llobateres, 16-18, Tallers 7 - Nau 10. Polígono Industrial Santiga.
08210 - Barberà del Vallès - Barcelona

Printed in Spain

Le dedico este libro a mis nietos Isabel y Finn, con mucho cariño.

Reconozco y doy las gracias a todos aquellos que generosamente me han contado sus historias y me han permitido compartirlas.

Sobre todo, doy las gracias a los unicornios por su paciencia y su luz.

PRÓLOGO

El tiempo ha pasado volando desde aquel día de 2007 cuando los unicornios vinieron por primera vez a mí. Recuerdo la sensación de sorpresa en el momento en que esa energía blanca pura apareció silenciosa y repentinamente detrás de mí y la profunda quietud que sentí. Ese día supe que los unicornios son caballos ascendidos de la séptima dimensión, que son seres angelicales y que solían estar con nosotros durante las épocas de la alta frecuencia de la Atlántida.

Por fin, la energía de la humanidad aumentaba de nuevo, de manera que miles de unicornios volvían a conectarse con nosotros. Eso ocurrió hace doce años y, desde ese preciso momento, se han sucedido cambios asombrosos y sin precedentes en la Tierra. Al elevar nuestra conciencia, nos hemos ganado el derecho de que la actual ola de unicornios nos alcance a todos los seres del planeta.

Entonces, los unicornios me dijeron que estaban aquí para traer la iluminación a la humanidad. En la actualidad, vemos con los ojos apenas abiertos y desde un punto de vista limitado. Los unicornios quieren ayudarnos a ver todas las perspectivas con los ojos de un águila que observa el mundo con una visión vasta, que lo abarca todo, pero penetrantemente clara.

Cuando comprendamos los desafíos a los que se enfrentan los demás, sentiremos un nuevo respeto y una renovada compasión por nuestros semejantes y por los animales. Veremos con los ojos de la unidad. Para ayudar a que esto suceda, los unicornios, que se sabe que son los más puros entre los puros, nos influyen disolviendo las energías inferiores. Ellos derraman luz blanca de alta frecuencia sobre nosotros y, cuando la absorbemos, nos transforma. Su sola presencia es una luz resplandeciente que ilumina quiénes somos realmente.

Esto es lo que pueden hacer por ti

Los unicornios también son sanadores de almas que liberan antiguos traumas de tu alma, para que puedas encontrar una profunda alegría y felicidad interior. Pueden transmutar el dolor de tus vidas pasadas y otras partes del viaje de tu alma. Te permiten ver tu esencia divina, quién eres realmente, para que puedas permanecer en tu verdadera magnificencia. Cuando te tocan a nivel del alma, tu luz puede brillar y puedes experimentar la satisfacción del alma.

Son grandes sanadores que pueden ayudarte a pensar y a sentirte de manera diferente.

Tocan tu tercer ojo y tu corazón con su increíble luz. Esto eleva tu frecuencia por encima de las fuentes mentales y emocionales de la enfermedad. Si tu frecuencia es más alta que la de la enfermedad, ésta no progresará y, por lo tanto, tiene que desaparecer.

Ellos trabajan con niños y ayudan a los animales. También curan a tu niño interior. Te proporcionan la energía que necesitas para lograr tu misión. Cuando trabajas con unicornios, la gente ve su luz en tu interior y te responde en consecuencia.

La energía del unicornio se ha vertido en la Tierra de una manera sin precedentes y nos ofrece una gran oportunidad para aumentar nuestras propias frecuencias. Los unicornios trabajan con ángeles y dragones para llevar al planeta y a nosotros a la ascensión.

Desde aquella primera conexión, a menudo he sido consciente de que los unicornios se hallan a mi alrededor. También han derramado su extraordinaria luz sobre mí y me han elevado el espíritu. En las meditaciones y las visualizaciones, me han llevado a lugares totalmente asombrosos y sé que han acelerado mi ascensión.

Hay quienes los han visto conmigo y, con frecuencia, las personas clarividentes me han comunicado que los perciben a mi lado durante los seminarios que imparto, siempre los ven subidos a mi coche cuando llego a algún lugar o en general cerca de mí. ¡Me siento tan bendecida!

Los unicornios y la Luna

Si tuviste una encarnación en la Era Dorada de la Atlántida, y casi todos los que leen estas palabras la habrán tenido, también te habrás vinculado a los unicornios en tu largo viaje del alma.

Hasta el año 2015, los unicornios entraban en este Universo a través de Lakumay, el aspecto ascendido de Sirio. Muchos de vosotros también habéis entrado en la Tierra a través de ese planeta y, por lo tanto, ya os habréis conectado a nivel del alma con estos seres puros.

La tercera manera mediante la que puedes vincularte a ellos, sin siquiera darte cuenta, es a través de la Luna. La energía de este astro se ha vuelto más poderosa en los últimos años y está inundando la Tierra con luz divina femenina. Los unicornios ahora entran en nuestro planeta a través de ese hermoso portal y también a través de Sirio. Así que, si amas a la Luna, te resultará fácil conocerlos.

A mi perrita, Venus, le encanta sentarse en el jardín a la luz de la luna. De hecho, me resulta difícil conseguir que entre en casa cuando hay luna llena. Se baña en su luz y se queda muy callada con la esperanza de que no me fije en ella. Como sé que Venus se comunica con los unicornios y otros seres Iluminados en esos precisos momentos, trato de no molestarla. Los corazones puros y simples de los animales les permiten hablar fácilmente con los unicornios.

No sólo es hermoso verse inundado por la luz de la luna, sino que también es algo mágico. Los unicornios utilizan la luz plateada para lograr que sucedan cosas maravillosas. Durante esta energía lunar mejorada, habla con los unicornios de tus sueños y espera que éstos se hagan realidad. Se trata de un momento maravilloso para celebrar una ceremonia y convocar a los unicornios para que ésta sea más poderosa. Si puedes meditar a la luz de la luna, piensa en los unicornios y sabrás que te están tocando. Ellos pueden transformar tu vida. Para mi sorpresa, mientras escribía estas palabras, una mariposa entró en mi invernadero, me rodeó y volvió a salir. Sentí que me estaba recordando lo importante que es llamar a los unicornios durante las ceremonias que se llevan a cabo a la luz de la luna.

La luna llena es un momento excelente para crear un portal de unicornios. Incluso puedes construir una columna de luz de luna en tu jardín o en tu casa como una puerta de entrada de alta frecuencia a través de la cual pueden pasar los unicornios. Sentirás el cambio de energía. Para obtener más información, en este libro te ofrezco un capítulo sobre cómo realizar los rituales y las ceremonias con los unicornios.

Bendiciones de unicornio

El otro día alguien me preguntó:

—Si sólo tuvieras una herramienta de ascensión, ¿cuál sería?

Ni siquiera dudé la respuesta durante un instante. De mi boca salió inmediatamente:

—¡Las bendiciones de unicornio!

Estoy segura de que ofrecer bendiciones de unicornio te aporta una gran luz. Puedes regalarlas en cualquier lugar y momento. Cuando paseo con mis perros, me encanta bendecir los árboles y toda la naturaleza con la energía del unicornio. Este acto marca una diferencia. También envío bendiciones de sabiduría de unicornio a los líderes mundiales cuando toman decisiones que no se alinean con el nuevo paradigma de paz, cooperación y unidad.

En los doce años que han transcurrido desde que se publicó este libro por primera vez, la frecuencia de la Tierra ha aumentado enormemente. Todos estamos ahora en un viaje de ascensión acelerada y los unicornios, junto con muchos otros grandes seres de luz, han sido fundamentales en este proceso. Actualmente, hay muchos unicornios de novena dimensión e incluso inefables de décima dimensión que vierten su luz en la Tierra y tocan particularmente a quienes están preparados. Creo que este libro te permitirá conectarte con estos maravillosos unicornios, lo que, a su vez, facilitará que tus doce *chakras* de quinta dimensión se iluminen y emitan una luz más elevada.

En este libro comparto la información que los mismos unicornios me han dado sobre quiénes son, por qué ahora están acudiendo en masa a la Tierra y cómo pueden ayudarnos. Explico cómo puedes conectarte con ellos y abrirte a su sanación y su luz pura. Asimismo, comparto diferentes experiencias que he tenido con ellos y también las que han vivido otras personas. Igualmente, encontrarás meditaciones y ejercicios que te ayudarán a identificar tu conexión personal con ellos.

Yo amo a los unicornios. Ellos han transformado mi vida y creo que provocaron una metamorfosis en mi interior. Espero que este libro te permita conocerlos y experimentar su amor y su ayuda en tu vida.

Diana Cooper

INTRODUCCIÓN

LLEGAN LOS UNICORNIOS

Hace algunos años, estaba sentada tranquilamente en el césped de mi hermoso jardín, relajándome en una silla y pensando en The Web of Light (*La Red de Luz*), la última entrega de mi trilogía espiritual que estaba escribiendo. Poco a poco fui consciente de que había un ser cerca de mí y me envolvió una maravillosa sensación de quietud. Sabía que era una presencia angelical, pero no se trataba de un ángel. Y entonces irrumpió en mi conciencia: ¡un unicornio estaba a mi lado! Me sentí muy plácida y serena. Todo permanecía en silencio. Nada se movía. El tiempo se había detenido.

El unicornio que vino a mí aquel día no tenía forma alguna. Era una luz blanca. Gradualmente, sus pensamientos aparecieron en mi mente y supe que se estaba comunicando conmigo. Me dijo que, en efecto, era un unicornio y que había visto mi luz y quería trabajar conmigo. ¡Oh!

También me dijo que quería que escribiera sobre los unicornios en mi libro. Tragué saliva, porque no sabía cómo éstos podrían encajar en mi obra. Pero también pensé que, muchos años atrás, cuando los ángeles me pidieron que escribiera sobre ellos, me había negado argumentando que no sabía nada sobre esos seres divinos y que ¡la gente iba a pensar que estaba loca!

Entonces, los ángeles me preguntaron si era mi ego el que estaba tomando las decisiones o si era mi yo superior quien lo hacía, y rápidamente revoqué mi negativa y acepté su increíble oferta. ¡No me arrepentí de ello y, por lo tanto, pensé que nunca volvería a cometer el mismo error!

Por aquel tiempo, yo no sabía nada sobre los unicornios, aparte de que se trataba de unos caballos míticos, información que, incluso, era menos de la que tenía sobre los ángeles hacía tantos años. Así que se lo comuniqué telepáticamente al unicornio, el cual descargó información en mi conciencia, como si de una transferencia cósmica se tratara.

Aquel unicornio me dijo que eran seres etéricos, caballos ascendidos de la séptima dimensión, pertenecientes a los reinos angelicales. También me explicó que habían estado presentes en la Atlántida durante los Tiempos Dorados, cuando los hombres podían conectarse con ellos, tal como hacían con su ángel de la guarda. En aquel tiempo, todos los hombres poseían su propio unicornio personal que permanecía con ellos y los ayudaba a mantener alta su frecuencia. Pero, cuando la civilización de la Atlántida declinó, los unicornios tuvieron que retirarse, ya que no podían reducir su nivel de frecuencia a una cota tan baja.

Muchos años atrás, cuando los ángeles me pidieron que escribiera y hablara sobre ellos, me contaron que habían llegado al planeta bajo la dirección de la Fuente para ayudar a elevar la conciencia de todos los habitantes del planeta y hacer que la Tierra ascendiera de frecuencia. Por eso, ante la demanda del unicornio me pregunté si ahora ocurriría lo mismo con ellos.

El unicornio me respondió de inmediato que habían reaparecido en respuesta a las oraciones de la humanidad que pedía ayuda. Y ahora, son suficientes las personas que han elevado su frecuencia a un nivel lo bastante alto como para hacer que esto sea posible, por lo que regresan gradualmente para traer la iluminación a quienes están preparados. Estos seres nos purifican, pues su propósito es desencadenar la inocencia del yo divino, esa esencia que teníamos en el momento en que nos convertimos en una chispa divina.

Ellos nos recuerdan quiénes somos en verdad

Obedientemente, y tengo que decirlo, con alegría, comencé a entretejerlos en la historia de *The Web of Light* (*La Red de Luz*). Una semana después, me fui del Reino Unido a Francia para impartir un curso de formación de profesores de Ángel y Ascensión para la Diana Cooper

School. En el avión, pensé: «Debo concentrarme en los ángeles y en la ascensión. No mencionaré a los unicornios».

El curso se llevó a cabo en un bello hotel, rodeado de campos y junto a unos establos. Durante la primera mañana, casi no podía creer lo que veía: una manada de magníficos caballos blancos puros se puso a galopar de un extremo al otro del campo que se extendía al otro lado de los ventanales. ¡Qué gran señal del Universo!

Por supuesto, pronto me encontré hablando de los unicornios, y mientras lo hacía, ellos me iban proporcionando más y más información. Su energía era tan intensa que todos los participantes del curso establecieron una profunda conexión con ellos.

Los unicornios estaban llegando a mi vida a lo grande. Estuve pendiente de ellos durante todo el tiempo. Se hallaban en el bosque mientras yo paseaba. A menudo, se presentaban en el jardín. Las personas clarividentes los vieron detrás de mí en la tarima mientras impartía una de las conferencias. Realmente, sentí que necesitaba escribir un libro sobre ellos, pero en aquellas fechas todavía disponía de muy poca información.

Una noche, una amiga llamó a la puerta de mi casa. Kathy es una médium y en aquella ocasión conversamos sobre nuestras visiones del futuro. Mientras lo hacíamos, entró la Madre María.

Ahora estoy muy cerca de la Madre María, y me ha ayudado en numerosas ocasiones. Aquella vez, vino a decirme que quería que le escribiera un libro, pero señaló con firmeza y decisión que el libro del unicornio era muy importante y que debía ser el primero. ¡Fue ella quien me pidió que siguiera adelante!

Cuando le dije que estaba feliz de hacerlo pero que no tenía suficientes conocimientos sobre los unicornios, me respondió que pasara una semana con ellos.

—De acuerdo –respondí.

Al momento hojeé mentalmente mi agenda, que estaba del todo llena. Pero, de alguna manera, tendría que encontrar tiempo. Y lo hice.

Así, ahora podemos preguntarnos: ¿quiénes son estas criaturas de la séptima dimensión del mito y de la magia? ¿Por qué están aquí ahora? ¿Cómo pueden ayudarnos? ¿Cómo aprenderemos a trabajar con ellos? ¿En qué se diferencian de los ángeles?

En este libro respondo a todas estas preguntas y comparto mis propias experiencias y las de otras personas. Hablo de algunos de los mitos y de las leyendas antiguas y trato de interpretarlas desde una perspectiva espiritual superior. Asimismo, incluyo ejercicios, meditaciones y juegos que pueden resultarte útiles para conectarte con los unicornios.

Ellos me han enseñado mucho. Siento un amor, respeto y asombro abrumadores por estos seres y espero que tú también te sientas conmovido por su energía y su amor al leer este libro.

CAPÍTULO 1

ACERCA DE LOS UNICORNIOS

Los unicornios pertenecen por completo a los reinos angélicos y viven en la séptima dimensión, el séptimo cielo. Son aspectos de lo divino, al igual que los ángeles. Son caballos blancos que han ascendido a dimensiones superiores. Como los seres humanos, los caballos se reencarnan hasta convertirse en seres perfectos. En su caso, regresan a la Tierra una y otra vez para aprender sus lecciones, hasta que se convierten en caballos blancos y pueden ascender por un resplandeciente haz de luz. Luego trabajan con nosotros desde sus cuerpos espirituales como unicornios.

Mientras que los ángeles trabajan a través del corazón, los unicornios lo hacen a través del alma.

Los ángeles guían y ayudan de muchas maneras a las personas que tienen a su cargo. Allanan nuestros caminos y responden a nuestras solicitudes siempre que sean para un bien mayor. Asimismo, cuidan y protegen a quienes están bajo su cuidado y les susurran opciones más elevadas. Sus alas envuelven, reconfortan y socorren a quienes están a su cargo.

Los grandes caballos ascendidos, en cambio, buscan a las personas que irradian una luz y tienen una visión más allá de su pequeño yo. También, buscan a quienes aspiran a ayudar a los demás y a cambiar el mundo para mejor, incluso si se trata tan sólo de su pequeño rincón.

La luz de un unicornio es tan poderosa que penetra en las personas gradualmente, en oleadas, sólo en la medida en la que un individuo puede asimilarla en un momento determinado.

Los unicornios te ayudan a mantener tu visión y te dan valor y fe para continuar haciendo frente a los desafíos y los obstáculos. Te fortalecen y estabilizan con el fin de que tengas la dignidad y el carisma necesarios para luchar por lo que crees que es correcto. También nos conceden deseos, como los ángeles, porque otorgan deseos del corazón, los que te hacen sentir más feliz y ligero.

Los unicornios conceden deseos del alma, aquellos que te satisfacen profundamente y te ayudan a cumplir tu compromiso anterior a la vida.

Te animan a aferrarte a tus aspiraciones y visiones, a defender esas ambiciones que son para el mayor bien de todos. Tienen en mente el crecimiento a largo plazo de tu alma, tu comunidad y el mundo.

Las personas clarividentes ven a los unicornios como caballos blancos brillantes con un cuerno de luz en espiral en el *chakra* de la frente (el *chakra* de la iluminación). Una mujer psíquica me dijo que, cuando veía a un unicornio, era como ver un millón de diamantes resplandeciendo a la luz del sol, tan brillantes que apenas podía mirarlo.

Su cuerno puede compararse con una varita mágica, y derrama energía divina. A dondequiera que dirijan esa luz, tiene lugar la curación. Ésta no es sólo una sanación física y emocional, sino también una curación del alma. Los unicornios disuelven y curan las heridas más profundas del alma, que pueden haberla atormentado durante muchas vidas. Si estás preparado, ellos te ayudarán a eliminar todo ese karma, ya sean lecciones personales, familiares o de la comunidad. Puedes llamarlos para que te ayuden.

Una de las vistas más maravillosas es ver a los Señores del Karma, que pertenecen al rango angelical de los Poderes, y cruzan los cielos mientras realizan sus deberes, rodeados por cientos de unicornios. Los

Poderes vibran a una frecuencia mucho mayor que la de los arcángeles, y son luces poderosas.

Los unicornios conectan a las personas con su espíritu. Cuando piensas en un unicornio, se despierta una energía dentro de ti que te alinea con los reinos superiores. Y si te encuentras con un unicornio en sueños o en meditaciones, tu alma se conecta a la energía del unicornio y se producen grandes cambios. Ellos permanecen detrás de la escena sin dejar de inspirarte.

Los unicornios tienen cualidades de amor, paz, calma, dulzura, esperanza, majestad, cariño, magia y misterio. Acudirán a ti cuando estés preparado y te ayudarán también a desarrollar tus cualidades de unicornio. Por supuesto, trabajan en cooperación con los animales, así como con los ángeles y los elementales.

Si bien están perfectamente equilibrados en sus cualidades masculinas y femeninas, se considera que llevan energía femenina. Esto se debe a que las cualidades femeninas de sabiduría, compasión y amor son más poderosas que las mismas cualidades masculinas.

Mientras que los ángeles llevan las oraciones de las personas y los deseos de sus corazones a Dios, los unicornios, como trabajan a nivel del alma, llevan al Creador el anhelo del alma de los individuos y permiten que se cumplan las grandes visiones. A veces, estos anhelos son como el parpadeo de la llama de una vela, pero los unicornios los ven y los avivan con su aliento para que las chispas se enciendan hasta crear llamas. De esta manera, se han presentado los objetivos y las aspiraciones de algunas de las personas más importantes.

A veces, mientras las personas permanecen en sus cuerpos físicos, apenas son conscientes de los sueños a los que aspiran sus almas o de las extraordinarias oportunidades que se les presentan. Literalmente, podríamos decir que caminan adormecidos a lo largo de sus vidas. Un unicornio visitará en ocasiones a una persona de éstas en sus sueños e intentará despertarla. Cuando tenga éxito, la vida de dicha persona cambiará de la noche a la mañana.

Uno de los mejores regalos que puedes recibir en la vida es conectarte con tu magnífico unicornio.

EJERCICIO: Pide ayuda a los unicornios

Si pudieras hacer algo monumental en tu vida que ayudara al mundo, ¿qué harías? Si supieras que puedes hacerlo, ¿cuál sería el primer paso que darías? ¿Cómo podrías dar ese pequeño paso?

Pide a los unicornios que te ayuden a darlo.

En el glamur te dejas alejas de la pureza de lo divino por el encanto de los seres que conoces y por las experiencias que tienes del otro mundo. En la ilusión confundes la verdad con falsas imaginaciones y proyecciones.

Los ángeles, las guías, los unicornios y los Maestros son seres divinos. La curación, la canalización y las lecturas son vínculos con lo divino. Todos estos seres y experiencias inspiradoras pueden ayudarte en tu camino espiritual, consolarte, expandir tu conciencia, sanarte y alentarte, pero, como todas las cosas poderosas, deben tratarse con respeto y cuidado. Es mejor acceder a ellos a través de tus prácticas de meditación, no en lugar de ellas.

Tu vínculo con tu centro tranquilo y silencioso,
donde escuchas la voz de Dios,
es tu salvaguardia y tu fuerza.

Un unicornio siempre habla de amor

Los unicornios y los ángeles siempre provienen de la perspectiva espiritual más elevada. Si algo te impulsa a pelearte con otra persona, a herirla o a dañarla o a actuar de manera deshonesta, no se trata de la energía de un unicornio. Ignórala, purifícate con la llama violeta de oro y plata y conecta los pies con la tierra. Entonces, puedes volver a sintonizarte con los unicornios, quienes te imprimirán pensamientos nobles, aspiracionales y pacíficos.

Recuerda preguntar

Si le pides a tu unicornio que te ayude, no evites a Dios, porque los unicornios y su Creador tienen una comunicación directa en todo momento. Como los ángeles, los unicornios no poseen libre albedrío, por lo que nunca harán ni sugerirán nada más que la intención divina para ti. Tampoco contravendrán la voluntad de tu alma.

Los unicornios son luz blanca pura

Tu unicornio es un ser de luz blanca pura. Debido a que es tan pura y brillante, podría cegarte o abrumarte, por lo que él siempre atenuará su energía al nivel que puedas soportar. Nunca te iluminará con más luz de la que seas capaz de soportar.

Actualmente, a medida que llegan más unicornios al planeta, todo está cambiando. Han enviado una ola de energía tan enorme que sus imágenes están por todas partes. Los niños los adoran. Las personas hablan de ellos. Pocas personas se dan cuenta de que son seres reales que responden a las oraciones y pueden marcar una diferencia en sus vidas. Pero, no obstante, la ola de comprensión se hace cada vez más fuerte.

Sólo tienes que pensar en un ser espiritual y éste tardará una milésima de segundo en estar contigo. Un día estaba paseando a mis perros por un parque mientras reflexionaba sobre esto, cuando una madre pasó por mi lado empujando un cochecito con su pequeño, el cual dejó caer su unicornio de juguete. Cuando lo recogió, le dijo: «Has dejado caer tu unicornio». Inmediatamente vi el destello de luz blanca del unicornio que estaba con ellos. Por un instante, los iluminó y, entonces reparé en que los unicornios han optado por hacer sentir su presencia de esta manera, para poder tocar a millones de personas cada día.

No es de extrañar, pues, que su frecuencia en todas partes esté aumentando.

Un diario de unicornio

Es útil llevar un diario de unicornio. Elige un cuaderno especial y decóralo si lo deseas. Dedícalo exclusivamente a plasmar en él tus experiencias e impresiones con tu unicornio. Cuanto más escribas, más estrecha será vuestra conexión. Si datas cada entrada, cuando en el futuro mires hacia atrás, es posible que te sorprendas del enriquecedor viaje espiritual que te ha ayudado a emprender.

Preparándote para conocer a tu unicornio

Una forma de conocer a tu unicornio es durante una visualización meditativa, cuando la luz a tu alrededor es suave y clara.

También, debido a que a los unicornios les encantan los lugares pacíficos en la naturaleza, es posible que desees meditar al aire libre en un espacio tranquilo, especialmente donde escuches el sonido del agua que fluye. Deja que el canto de los pájaros y el susurro de las hojas sean tu música. Si meditas en un espacio interior, busca uno donde puedas permanecer tranquilo y sosegado. Una vela encendida dedicada a la intención de conocer a tu unicornio ayudará a aumentar la energía, al igual que la música espiritual o los palitos de incienso.

EJERCICIO: Visualización para conocer a tu unicornio

1. Cierra los ojos y respira cómodamente dentro y fuera del centro de tu corazón durante un rato.
2. Coloca una esfera de luz reflectante blanca brillante a tu lado, de modo que sólo pueda entrar la energía pura del unicornio.
3. Luego, inhala amor y exhala paz hasta que te sientas relajado.
4. Imagínate sentado en un lugar tranquilo y seguro junto a un hermoso lago. Visualiza la luz de la luna rielando sobre el agua. Tómate tu tiempo para escuchar los sonidos. Respira los perfumes del aire del crepúsculo.
5. A la luz de la luna, ves una luz blanca plateada que se mueve hacia ti y de ella emerge un magnífico unicornio.
6. La criatura iluminada camina en tu dirección y se detiene frente a ti, iluminándote con su resplandor.
7. Siente el amor que fluye de él hacia ti.
8. El unicornio inclina la cabeza y dirige la luz de su cuerno a tu corazón. Tómate el tiempo que necesites para sentir esto, como una llama de amor entrando en ti.
9. Si lo deseas, puedes ponerte de pie y acariciar a tu unicornio.
10. Míralo a los ojos para establecer contacto de alma a alma.
11. Dedica un poco de tiempo a conocer a tu unicornio.

12. Pídele que te transmita telepáticamente cualquier mensaje que tenga para ti. Escúchalo.
13. Dale las gracias y contempla cómo se aleja hacia la luz de la luna.
14. Abre los ojos.
15. Anota todo lo que hayas experimentado en tu diario de unicornio.

Recuerda que puedes hacer esta visualización tantas veces como quieras y que también puedes realizarla con tus amigos y familiares.

CAPÍTULO 3

CÓMO AYUDAN LOS UNICORNIOS

Protección

En una ocasión, hablé por teléfono con mi amiga Liz Roe French, que es una excelente astróloga, médium y sanadora, y me dijo que había estado limpiando energías en una gran casa antigua de Yorkshire. Me comentó que estaba en una poderosa línea de luz y que había mucho trabajo por hacer a numerosos niveles, por lo que durante su estancia había comenzado a despejar la energía atascada.

Mientras trabajaba, se dio cuenta de que una enorme masa de luz dorada y anaranjada flotaba sobre el edificio, como si se tratara de una nube. Y luego vio a seis unicornios caminando alrededor de la nube, protegiendo claramente el trabajo que ella había hecho. Unos días más tarde, cuando sintonizó, sólo había un unicornio, pero evidentemente estaba de servicio porque continuaba dando cabriolas por la zona.

En otra ocasión, Duncan Gemel me dijo que sufría una crisis nerviosa. Inmediatamente llamó a sus dos unicornios, Starlight y Solerius, y psíquicamente vio un destello blanco y sus poderosas patas mientras la rescataban. Más tarde le dijeron que la lección que debía aprender es que podía pedirles su ayuda.

Apoyo

Cuando estés en una larga cola de supermercado o esperando un tren, sé consciente de la presencia de tu unicornio. Es posible que permanezca a tu lado, preparado para aliviar la tensión. Si bien puede ser invisible para ti, sentirás su energía si te rindes a él y dejas que te apoye. Pero ten cuidado: no es un soporte físico, por lo que es muy posible que acabes en el suelo si tratas de apoyarte en él. Sin embargo, te ofrecerá un refresco energético que te elevará físicamente.

Comunicación

Cuando tu unicornio desee llamarte la atención sobre su presencia, ¡puede darte un empujón! Muchas personas han informado que han sentido un desplazamiento físico, como si un caballo los hubiera empujado a pesar de estar en medio de la nada o en un centro comercial, por ejemplo. Si crees que es tu unicornio, ¡confía en el! Utiliza su energía para conectarte y escucharlo en lugar de preguntarte o dudar si lo has imaginado.

Calma de inmediato tu respiración y aleja tus sentidos del mundo exterior, del ajetreo y del bullicio. Aunque te halles en un lugar ruidoso encontrarás la tranquilidad interior. Así que puedes estar alerta a los mensajes que te envía tu unicornio. Éstos probablemente se manifestarán como destellos o pensamientos o bien como sensaciones viscerales. En mi caso, a menudo descargan una gran cantidad de información en mi mente. Cuando recibas respuestas, hónralas y actúa en consecuencia.

Inspiración

Hace tiempo, Truda Clark y Susan Venus fueron a hacer terapia de reiki a una anciana que vivía en plena naturaleza. Truda me dijo que la cabaña donde vivía la señora estaba rodeada de maleza de un aspecto espeluznante con un prado al lado en el que pastaban cuatro caballos salvajes, que nunca habían sido montados.

La sesión de sanación les ocupó mucho tiempo, por lo que ya había oscurecido cuando terminaron. Entonces, aquella dama les dijo:

—¿Os gustaría ver a mi unicornio?

Sorprendidas, ellas respondieron:

—Oh, te refieres a una imagen de un unicornio, ¿verdad?

—No, a uno de verdad –respondió la señora–. Venid conmigo.

Truda y Susan, intrigadas, siguieron a la dama hasta el prado. Esto es lo que escribieron sobre su experiencia.

«Fue una de esas noches especiales, el aire era fresco y se respiraba tranquilidad. Las tres nos acercamos a la puerta del cercado que daba al campo, inmerso en la oscuridad. Cuando nuestros ojos se adaptaron al cambio, dejando atrás las luces que brillaban tenues desde las ventanas de la casa, divisamos un maravilloso y perfecto cielo nocturno. Entre los árboles altísimos y por encima de ellos, las estrellas brillaban asombrosamente. Lorraine llamó con suavidad a sus caballos. Entonces, pudimos sentir su presencia incluso antes de oír sus relinchos. Esperamos con una intensa sensación de que aquél era su espacio, su tiempo, y que nosotras sólo éramos unas espectadoras, privilegiadas por estar allí.

Sin previo aviso, salieron de la oscuridad: a la izquierda, una forma más oscura y más pequeña, con los ojos brillantes, la cabeza en alto y, a su lado, una criatura blanca y majestuosa. Nos dejó sin aliento. Nos aferramos la una a la otra con asombro y deleite. El tenue borrón de alas emplumadas, la rápida visión de un cuerno entre los ojos cálidos y conocedores, todo capturado en un breve instante. Fue un momento verdaderamente mágico. ¡Sumergiéndose en la luz, había aparecido un unicornio!».

Asistencia

Kathy dirige un grupo de desarrollo. Un día, los participantes estaban sentados en un círculo concentrados en su trabajo cuando ella miró hacia arriba y vio que estaban totalmente rodeados de unicornios, allí dispuestos a ayudar a todos a avanzar.

Escuché una historia similar a ésta que se produjo después de una sesión en un taller en la Atlantis Week. Este grupo en particular se estaba conectando con sus unicornios cantando. Al final, miraron hacia arriba y cada uno de ellos vio un grupo de unicornios en el cielo, dando vueltas sobre ellos.

Compañerismo

¿Alguna vez has hecho algo solo y has sentido que querías que un amigo estuviera contigo? Llama a tu unicornio. A menudo, se los ve acompañando a un viajero solitario e incluso pueden unirse a ti en un centro comercial si realmente los necesitas.

Respondiendo preguntas

Una vez, recibí una carta muy interesante de Laura, quien a los 50 años empezaba por aquel entonces a dirigir su carrera hacia el *coaching* espiritual. Durante una meditación en la que nos conectamos con nuestros unicornios y les pedimos ayuda, Laura descubrió que el suyo se llamaba Unec. Entonces, decidió pedirle a Unec que le confirmara que su cambio de vida era correcto.

Primero, le preguntó:

—¿He hecho lo correcto al cambiar de carrera?

La respuesta llegó con un profundo movimiento de cabeza, arriba y abajo, arriba y abajo. Luego le dijo:

—Para que esto suceda, necesito bastante dinero, algo que no tengo en este momento.

La respuesta del unicornio llegó de nuevo con un vigoroso asentimiento de arriba a abajo, como si quisiera galopar sin moverse del mismo lugar.

Laura sabía que había tomado la decisión correcta y que estaba recibiendo todo el apoyo que necesitaba de los unicornios y de los ángeles.

Recibiendo el título La maravilla de los unicornios

Mientras caminaba por la playa en un hermoso día de noviembre, reflexionaba sobre el título de este libro. Por alguna razón, estaba insatisfecha con el título que había escrito y la alternativa que había decidido. Al notar la brisa del mar en el rostro, era muy consciente de los unicornios que se hallaban a mi alrededor y estaba pensando en lo mucho que me habían ayudado.

De repente, de la nada, me vino a la mente un nuevo título, *La maravilla de los unicornios.* Cuanto más lo contemplaba, más bien me sentía.

Decidí sentarme en un banco y pedir ayuda a los unicornios, así que encontré un trozo de papel en mi bolso y lo rompí en cuatro. En cada pedazo escribí uno de los posibles títulos: *La magia de los unicornios, Una pequeña luz sobre los unicornios, La maravilla de los unicornios*, y en la última dibujé una cruz, en caso de que los unicornios quisieran un título completamente diferente y para darles la opción de sugerírmelo.

Luego, doblé los papeles y los mezclé, los sostuve en las palmas abiertas de las manos y les pedí a los unicornios que me indicaran su preferencia. Cuando toqué uno de los trozos de papel, tuve la sensación de que los cuatro unicornios que había frente a mí negaban con la cabeza. Cuando toqué el siguiente, todos asintieron. Al tocar el tercero y el cuarto, negaron con la cabeza. Lo repetí de nuevo para comprobarlo y obtuve las mismas impresiones.

Por un segundo me sentí absurdamente nerviosa, como si aquello fuera tremendamente importante. Cuando abrí el segundo papel y leí *La maravilla de los unicornios*, experimenté un abrumador sentimiento de alegría y rectitud. Así es cómo este libro recibió su título.

EJERCICIO: Pide ayuda con una decisión

PASO 1: Decide tu pregunta. Es muy posible que descubras que, al pensar en las posibles respuestas, una de ellas destacará. En ese caso, por supuesto, ya has recibido su ayuda. Suponiendo que éste no sea el caso, quizás desees escribir tu pregunta, aunque esto no es esencial, sólo ayuda a proporcionar claridad.

PASO 2: Escribe las posibles respuestas o soluciones en hojas de papel separadas. Asegúrate de dejar una en blanco en caso de que ninguna sea deseable. Luego dobla cada papel y mézclalos entre sí.

PASO 3: Ahora crea un espacio sagrado en el que puedan entrar los unicornios. Hay algunas hermosas maneras de hacerlo.

1. Eleva la energía de la habitación o sal al aire libre con música de fondo o el sonido de un cuenco tibetano.
2. Enciende un círculo de velas y siéntate en el centro.
3. Coloca las manos en la posición de Namasté sosteniendo los papeles doblados entre las palmas de las manos.
4. Invoca en voz alta o en silencio a los unicornios y pídeles que te indiquen de alguna manera en qué papel está la mejor solución posible a tu problema.
5. Toca cada hoja de papel. Puedes sentir un cosquilleo al tocar una en concreto. También puedes imaginarte que los unicornios permanecen frente a ti y que recibes una indicación con un movimiento de cabeza o con una sacudida. Es posible que tan sólo recibas un «mensaje» para elegir uno de ellos.
6. Lee su respuesta óptima.
7. Dales las gracias a los unicornios por su ayuda.

CAPÍTULO 4

LOS NOMBRES DE LOS UNICORNIOS

Cada ser, ya sea humano, animal, hada, ángel o unicornio, tiene un nombre que lleva su vibración única y ayuda a conectarlo con su alma. La vibración de tu nombre te brinda la intención de tu alma. Cuando llamas a una criatura por su nombre, eso te permite vincularte más estrechamente con ella, del mismo modo en que te sientes más conectado con alguien cuando sabes cómo se llama. Por eso es tan importante decir un nombre con amor, porque la persona recibe el amor en el nivel más profundo de su ser.

La mayoría de los seres humanos tienen nombres cotidianos que utilizan sus amigos y familiares, con los que pueden conectar con ellos en esa frecuencia. Cuando se desarrollan espiritualmente, pueden descubrir su nombre espiritual, que sintoniza con un aspecto superior de su alma. Actualmente, cada vez más personas adoptan sus nombres espirituales o permiten que ciertas personas los utilicen.

A menudo, tu unicornio te dará su nombre espiritual de inmediato. A veces, comenzará ofreciéndote un nombre de frecuencia más baja, de manera que entre en juego sólo parte de su energía. Cuando estés listo, te dirá su nombre más alto para que puedas conectarte con todo su poder y gloria. De cualquier manera, es muy útil personalizar tu relación y descubrir cómo quiere tu unicornio que lo llames.

Si te sientas en silencio
y le pides a tu unicornio que te diga su nombre,
es posible que aparezca en tu mente.

Llegará como un pensamiento,
pero así es como tu unicornio se comunica
telepáticamente contigo.

Un unicornio llamado Dobbin

Susan Ann era una de las maestras de la escuela Diana Cooper Angel School. Ella me describió cómo conoció a su unicornio:

En 2005, asistí al evento «Diana's Mind, Body, Spirit» en Londres, donde Diana me presentó a la audiencia. Después del descanso, Diana nos guio en una poderosa visualización para que nos encontráramos con nuestros unicornios y recibir sus nombres. Después, pidió a las personas que compartieran los nombres que habían recibido. Mientras levantaban las manos, me senté al final de la habitación preguntándome qué debía hacer. ¡Mi unicornio me había dado el nombre de «Dobbin»! La gente gritaba nombres maravillosos y gloriosos. ¿Cómo podría decir que mi unicornio se llamaba Dobbin? ¡Fue profundamente vergonzoso! Me quedé callada.

Durante los meses siguientes, establecí una conexión poderosa con Dobbin. Entonces, un día me dijo que su verdadero nombre era Aurora y he utilizado ese nombre con él desde entonces. Ahora, cuando le hablo a la gente sobre Dobbin, puedo reírme porque me doy cuenta de que fue un aprendizaje importante para mí. Mi ego bajó a la Tierra al recibir un nombre que sentí que era tonto e impropio. Me mostró que cualquiera puede recibir un nombre «ordinario», no tiene que ser algo florido o extravagante. Sin embargo, todavía trabajé con Dobbin y profundicé en mi vínculo con él a pesar de su nombre.

Un par de años después, estaba sentada con Diana en un taxi camino al aeropuerto. Le conté esta historia, enfatizando cuánto resonaba con el nombre de Aurora. «Mira –dijo de repente, al tiempo que señalaba un hotel por el que pasábamos–. Se llamaba Hotel Aurora». Consideré aquello como una indicación de que mi unicornio estaba conmigo escuchando la historia y, probablemente, mientras sonreía para sí mismo.

Un cuerno, un país

Los unicornios se llaman «un cuerno» en la mayoría de los países e idiomas, y la siguiente lista ofrece una visión fascinante de las diferencias.

Inglés: *Unicorn*
Ruso: *Yedinorog*
Lituano: *Vienaragis*
Portugués y español: Unicornio
Sueco: *Enhorning*
Finlandés: *Yksisarvinen*
Hebreo: *Had-KerenHe*
Noruego: *Enhjorning*
Rumano: *Inorog*
Árabe: *Karkadann*
Esperanto: *Unukornulo*
Letón: *Vienradzis*
Latín: *Unicornis*
Polaco: *Jednorozec*
Griego: *Monokeros*
Holandés: *Eenhorn*
Alemán: *Einhorn*
Francés: *Licorne*
Italiano: *Alicorno* o *Licorno*
Galés: *Uncorn*
Persa: *Karkadann*
Japonés: *Ki-rin* o *Sin-you*
Chino: *Ch'I lin o K'i-lin*

El unicornio de Diana

El nombre de mi unicornio es Elfrietha. Me llevó varios intentos recibirlo correctamente, sobre todo debido a mi idea preconcebida de que el nombre era Elfrieda. Seguí recibiendo un movimiento de cabeza como contestación, un «¡No!» hasta que me aventuré a pronunciar «¿Elfrietha?», ante lo cual se oyó un suspiro de alivio. Los unicornios tienen mucha paciencia.

EJERCICIO: Para encontrar el nombre de tu unicornio

En un espacio interior

1. Siéntate en silencio en un lugar donde no te molesten.
2. Enciende una vela para aumentar tu frecuencia.
3. Respira cómodamente hasta que te sientas relajado.
4. Visualízate en un hermoso lugar en medio de la naturaleza.
5. Pídele a tu unicornio que entre en escena. Puedes verlo o sentirlo.
6. Dale las gracias por acudir a tu encuentro.
7. Pregúntale por qué nombre quiere ser conocido.
8. Sé receptivo a todo lo que te llegue.

Al aire libre

1. Camina por la naturaleza hasta encontrar un lugar tranquilo y hermoso.
2. Permítete relajarte. Escucha los sonidos y respira el aroma de cuanto te rodea. Siente la tierra bajo los pies a medida que avanzas.
3. Mira a tu alrededor. Mientras te relajas, es posible que veas o sientas la presencia de un unicornio.
4. Invita mentalmente a tu unicornio a caminar contigo.
5. Tanto si puedes verlo como si no, sabrás que tu unicornio está cerca.
6. Pregúntale por el nombre por el que quiere ser conocido.
7. Mientras caminas en silencio, deja que el nombre del unicornio flote en tu mente.

CAPÍTULO 5

LAS CONEXIONES DE LOS UNICORNIOS

Los unicornios dan a conocer su presencia de maneras diferentes.

A veces se te aparecen, pero es más frecuente que te hagan saber de alguna otra manera que están cerca.

En una ocasión, una señora se me acercó al final de un seminario. Parecía absolutamente emocionada cuando dijo:

—Cuando nos llevaste a meditar para conocer a nuestros unicornios, el mío me dijo que se llamaba Estrella. Y acabas de firmarme tu libro con la frase: «¡Sigue a tu estrella!».

Supongo que su unicornio me estaba hablando al oído.

El difunto Donald McKinney, autor de *Walking in the Mist,* un día me dijo que estaba en su tienda, Body and Soul, hablando con una clienta. Conversaban sobre temas espirituales, cuando de repente ella dijo:

—Pensarás que estoy loca cuando te diga esto. Nunca creerás lo que me pasó en una ocasión. Caminaba por las Tierras Altas de Escocia a primera hora de la mañana. Había una niebla baja y de repente un unicornio surgió de entre la bruma. Se detuvo frente a mí y se inclinó, reconociéndome.

La clienta le dijo que nunca le había pasado nada como aquello y que sentía que había sido una experiencia mágica. Aquel evento le confirmó que en el mundo existen maravillas.

Agnes McCluskey, terapeuta del color y una mujer muy espiritual y psíquica, describía a su hermano como a un motociclista enorme y peludo. Sin embargo, el hombre estaba claramente abierto a la guía del unicornio, porque un día se hallaba en una tienda *New Age* donde vio un unicornio de porcelana, y literalmente este le dijo:

—Llévame con Agnes.

Entonces, lo compró y se lo regaló. Agnes todavía lo conserva y reconoce que los unicornios se habían conectado con su hermano y con ella misma.

Me encantó conocer a Laura Cameron Jackson y a Lyn McNicol en su *stand* de Lunicorn en una exposición. Me contaron cómo surgió su empresa.

Ninguna de los dos estaba satisfecha con su trabajo y se sintieron atraídas por la fascinación que sentían por los unicornios, las hadas y los reinos elementales. Llevaban mucho tiempo hablando de qué podían hacer para satisfacer sus almas.

Un día, Laura iba en un autocar, que ya había pasado por varios pueblos, cuando por la ventana vio un pub llamado «El Unicornio». Sintió que aquello era una señal y, en ese momento, en un estallido de inspiración, surgió la idea de los unicornios.

Ahora dedican sus vidas a ayudar a los niños y los adultos a conectarse con los unicornios y a darles esperanza. Organizan fiestas de unicornios y talleres para niños amantes de estos seres. Me explicaron:

—Cuando decimos, «¿Quién cree en los unicornios?», todos los jóvenes dicen: «Yo». Si preguntamos: «¿Alguien ha visto uno?», siempre hay dos o tres niños que pueden describir a los que han visto.

Laura conoció a su unicornio a través de su guía, Ashon, que es un monje muy serio del siglo XII. La cosa fue así. Mientras ella se hallaba en un estado meditativo, el monje le dijo:

—Ven, querida.

Entonces, la tomó de la mano y la condujo por un camino, ¡y allí estaba su unicornio, Wanderer, esperándola! Ése fue su primer encuentro con un unicornio.

Laura también tiene un bebé unicornio muy travieso que apareció un día con Wanderer. Una vez, el bebé dijo de repente:

—Aquí está Charger.

Enseguida apareció un nuevo unicornio con una energía muy poderosa y unos ojos asombrosos, galopando. Está claro que ella está muy conectada con el reino de los unicornios y éstos están trabajando muy de cerca con ella.

Lyn tiene una guía unicornio muy sincera llamada Jasminda. Se comunica con ella en términos bastante directos y estrictos, y recibe su ayuda. Por ejemplo, un día le dijo que se alimentaba con una dieta espantosa y que debía corregirla. Lyn se lo tomó muy en serio. Pero, como todos los seres de dimensiones superiores, también fomenta su trabajo.

A su alrededor, todos pensaban que estaría loca si se le ocurría renunciar a un buen trabajo y a una buena pensión para difundir la luz de los unicornios y comenzaban a dudar de su decisión. Una tarde invernal, Lyn se sentía agotada. Permanecía sentada frente a una pared pintada de blanco en el área de descanso de un servicio telefónico de atención al cliente y las luces estaban encendidas. De repente, a su izquierda, las luces de la pared adquirieron la forma de la cabeza de un unicornio. Aquella luz se movía hacia delante y hacia atrás, pero siempre conservaba su misma forma. Ésa fue la confirmación que necesitaba y renovó su determinación de continuar con su misión.

Fue un placer conocer a Lyn y a Laura en su *stand* de Lunicorn y experimentar el entusiasmo y la alegría con la que están difundiendo la luz de los unicornios.

Ahora sigue la historia de Mary Thomson, sobre cómo conoció a sus unicornios durante una meditación:

Hoy he asistido a tu charla en Glasgow y he pensado en enviarte este relato reflexivo sobre la meditación donde íbamos a encontrarnos con nuestro unicornio. Vi un arroyo que atravesaba un hermoso bosque. Un impresionante caballo marrón apareció en la otra orilla. Escuché una voz que me decía que aún no estaba lista para encontrarme con mi unicornio. Lo acepté y avancé, y acaricié al caballo a lo largo de su cuello. Era una criatura fuerte pero gentil. Me sentí bastante satisfecha y privilegiada de haberlo conocido, cuando de repente estaba de pie en medio de un charco de agua rodeada de varios unicornios, todos de color blanco, brillantes y rodeados de una luz blanca. Uno de los unicornios se acercó a mí y me dejó acariciar su cuello y su melena, y una voz en mi cabeza dijo: «Su nombre es Urbill».

Me parece interesante que Mary Thomson aceptara el consejo de que aún no estaba lista para conocer a los unicornios y no se resistiera. Su propia aceptación la preparó.

Flavia-Kate estaba un día con su esposo en Hastings cuando adquirió un hermoso unicornio de peluche. Se enamoró de él y empezó a pensar en unicornios, incluso se tatuó uno pequeño en la espalda. Escribió: «Eso fue todo. Luego fui visitada por unicornios en mis sueños. Había atraído a los unicornios hacia mí, sin darme cuenta conscientemente, por supuesto, ¡lo similar atrae a lo similar! Su campaña de reclutamiento funcionó y los unicornios me rodeaban mientras seguía con mi vida diaria».

Flavia-Kate agregó que le dijeron que la habían reclutado para que ella, a su vez, reclutara a otras personas para trabajar con ellos y que eso se estaba desarrollando con bastante rapidez. Flavia era consciente de que las personas que deben trabajar con ellos, de repente, recuerdan su pasión por los unicornios y piden estar en sintonía con su energía para ayudar en el proceso de curación de la Tierra.

También me dio dos ejemplos de personas que se habían dado cuenta de que conocían a unicornios. En un caso, mencionó a los unicornios en su grupo de meditación y explicó que ahora venían en masa a este planeta para ayudar con las energías cambiantes y el proceso de ascensión.

Una señora, de unos treinta y tantos años, le dijo a Flavia-Kate que había adorado a los unicornios cuando era niña y que había pensado en ellos constantemente durante su adolescencia. Le mostró un tatuaje de un unicornio en su hombro que se hizo cuando tenía 18 años.

Después de eso, no había pensado en ellos hasta entonces. Se volvió muy entusiasta y ahora su hija de 13 años ha descubierto su propia guía-unicornio y ve y a menudo habla con ella con la naturalidad que sólo los niños poseen. En otra ocasión, cuando un cliente suyo asistió a una conferencia, tomó una postal de un unicornio y de repente jadeó y explicó que, mientras viajaba en el autobús, comenzó a pensar en unicornios.

No podía entender por qué, ya que no había pensado en ellos antes, pero ahora sentía un amor abrumador por ellos.

Mientras Flavia-Kate sintonizaba las energías de su cliente, pudo ver unicornios a su alrededor. Le pidieron que le dijera a la señora que querían que trabajara con ellos y que los incorporara a su labor de curación.

Un orbe de unicornio

Los ángeles ayudaron a los tecnólogos a desarrollar cámaras digitales, de modo que se pudieran capturar fotografías de seres espirituales con ellas.

Aparecen en sus cuerpos de luz como orbes. Si miras un orbe de unicornio, podrás absorber su energía y las cualidades de su imagen. Hay algunos de estos increíbles orbes en mi web: dianacooper.com.

EJERCICIO: Profundiza en tu conexión con los unicornios

La inocencia pura es una forma de profundizar en tu conexión con los unicornios, lo que literalmente significa estar en tu esencia divina. Muy a menudo, el centro de nuestro ser se enreda en las expectativas y los deseos de otras personas o en nuestra necesidad y falta de respeto por nosotros mismos.

Así pues, para profundizar en tu conexión, primero purifica tu esencia.

1. Enumera todas las cosas que te impiden ser quien realmente eres o te quitan el placer de la vida. Éstas pueden ser miedos o sentimientos de que no vales lo suficiente. Pueden ser las expectativas de otras personas o bien puedes estar enredado emocional o mentalmente con los demás. Tal vez te encuentres en una situación, en un trabajo o en una prisión financiera de la que no tengas escapatoria.

Cuando hayas completado tu lista, explora el viaje interior que te muestro a continuación.

2. Mantén la intención de purificar tu esencia y profundizar en tu conexión con el unicornio.
3. Encuentra un lugar donde puedas estar tranquilo, sin que nadie te moleste.
4. Cierra los ojos e imagina un manto azul de protección a tu alrededor.
5. Respira cómodamente hasta que estés relajado y cómodo.
6. Estás subiendo una colina. A mitad de camino, ves un matorral y te adentras en él. Te hallas bastante a salvo.
7. En el centro del matorral hay una gran jaula. En su interior hay una persona que reconoces como tú mismo, rodeada de zarzas, alambres y de todo tipo de basura.
8. Descubres que tienes las herramientas y la fuerza para abrir la jaula y limpiar las zarzas para liberar un aspecto puro de ti mismo.
9. Cuando el interior de la jaula esté limpio, verás que la persona que está dentro brilla con luz. Dale la bienvenida a este aspecto de ti y deja que se fusione contigo. Esto puede parecerte tanto maravilloso como extraño.
10. Sal de la jaula y atraviesa la espesura.
11. Llama al arcángel Zadkiel para transmutar el matorral, así como la jaula y todo lo que contiene en la llama violeta de oro y plata. Dale las gracias mientras contemplas cómo se consume todo.
12. Luego, dirígete hacia el camino plateado que sube por la colina.
13. Ves una gran esfera blanca de luz moviéndose hacia ti. Ésta también se fusiona contigo.
14. Ahora, puedes sentir o, tal vez, incluso ver a tu unicornio.
15. Tócalo, acarícialo, móntalo y conócelo realmente. Tómate tu tiempo.
16. Cuando te sientas completo, dale las gracias a tu unicornio por haber acudido a tu encuentro.
17. Abre los ojos y regresa a la habitación.
18. Es posible que desees registrar tu experiencia en tu diario de unicornio.

CAPÍTULO 6

LA JERARQUÍA DE LOS UNICORNIOS

Los unicornios pertenecen a la jerarquía angelical. Los elementales, hadas, duendes, gnomos, salamandras, sirenas, ondinas, sílfides, ninfas y muchos otros son sus hermanos y hermanas menores. A menudo trabajan con los unicornios y los ayudan realizando tareas más sencillas. Por encima de ellos están los ángeles y algunos son los ángeles de la guarda, aquellos designados para cuidar a los humanos durante sus vidas. Otros ángeles también ayudan a los humanos cuando se les pide.

Los arcángeles están a cargo de los ángeles y tienen sus propias tareas que supervisar. Los más conocidos por su trabajo con la humanidad son los arcángeles Miguel, Rafael, Uriel y Gabriel. El arcángel Miguel lleva la espada de la verdad y el escudo de la protección, y es conocido como el Protector. Da valor y fuerza a las personas.

El arcángel Rafael es el ángel sanador. También ayuda a los viajeros y abre a las personas a la abundancia. Su llama gemela es María, la madre divina. Ella y los unicornios tienen una relación muy cercana.

El arcángel Uriel está a cargo de los ángeles de la paz. Envía a sus ángeles a lugares y situaciones conflictivas y ayudan a las personas a empoderarse.

El arcángel Gabriel viste de un blanco radiante para mostrar su pureza. Aporta claridad y alegría a las personas y, como los unicornios, trabaja con luz blanca pura.

Los unicornios están al mismo nivel que los arcángeles. El Rey y la Reina de los unicornios tienen una frecuencia aún mayor. Tienen coronas de luz en la parte superior de la cabeza, que son las emanaciones de los *chakras* de la corona. Hace eones, sólo el Rey y la Reina podían reproducirse, y hablo de esto en el capítulo 23, «Los bebés unicornio».

Este don se transmitió cuando otros alcanzaron un cierto nivel de madurez o luz. El Rey y la Reina gobiernan el reino de los unicornios debido a su gran sabiduría y luz. Han evolucionado a este alto estado y son venerados, honestos y respetados. Reciben sus instrucciones directamente de los Serafines o de la Fuente y están a cargo de todo el reino de los unicornios.

Parte de su tarea es mantener la frecuencia de todos los unicornios y lo hacen amparando la visión de su perfección divina. También designan qué unicornios visitarán la Tierra y cuáles son las tareas que deberán desempeñar aquí. Por supuesto, los unicornios están trabajando en muchos universos y dimensiones. Como guardianes de todas las almas, llevan a cabo una gran empresa.

El Rey y la Reina están a cargo de la evolución de los unicornios a través del servicio a la voluntad divina. Por tanto, los unicornios no tienen libre albedrío. Sus corazones y almas son tan puros que sólo pueden seguir la luz.

Hay otros rangos, afines a los títulos de la realeza humana, como príncipes o princesas, condes o duques, que sólo alcanzan sus títulos por la calidad de la luz que portan. Evolucionan a estas posiciones para dar su apoyo al Rey y a la Reina.

El blanco contiene todos los colores. El negro, una ausencia de luz, es más enigmático. Representa el vacío que contiene los misterios más profundos o puede indicar oscuridad y negatividad. Por ejemplo, el símbolo terrenal de un caballo negro representa la codicia, el control y el poder sobre los demás.

Pegasos y unicornios

El unicornio, que está representado con su tercer ojo abierto, es un ser iluminado, que todo lo sabe, que todo lo ve, omnisciente. Los unicornios son seres iluminados, cuyo tercer ojo es agudo y claro. Esto no significa necesariamente que sean clarividentes en el sentido de poder ver imágenes, colores y luz en otras dimensiones. Mucha gente es clarividente: simplemente saben.

Los pegasos son también caballos blancos ascendidos que han desarrollado completamente el centro de su corazón, por lo que se les ve con alas. Así como las alas de los ángeles son emanaciones de amor de los centros de su corazón, lo mismo sucede con los pegasos. Los ángeles o los pegasos son aquellos de quienes la luz irradia en forma de alas.

Consciente o inconscientemente, pueden extender sus alas y colocarlas alrededor de las personas o los animales, dándoles paz y una sensación de seguridad. Los roles del unicornio y de los pegasos son ligeramente diferentes. Los de los primeros son para inspirar, proporcionar esperanza, empoderar e iluminar, mientras que los de los pegasos centrados en el corazón son para consolar, socorrer y envolver.

Una vez que te hayas conectado con los unicornios y con los pegasos, necesitas una purificación adicional para llegar al Rey y la Reina de los unicornios. Pueden ayudarte mucho en tu búsqueda de crecimiento espiritual.

Yo los conocí por primera vez en una sesión de meditación. Cuando entré al reino de los unicornios, las puertas se abrieron y se expandió una luz masiva. Me condujeron a los seres reales y me ofrecí en servicio. También solicité la curación de mi herida de la Atlántida, que estaba demostrando ser un problema en el centro de mi garganta. En ese momento, me dijeron que no estaba totalmente preparada para llevar y difundir la frecuencia de la luz, cosa que deseaba, pero estaba cerca y retendrían mi energía.

También me ayudaron a comprender el problema de mi garganta y me curaron. Unas semanas más tarde me comunicaron que ya estaba preparada para llevar al mundo la frecuencia más alta.

Aquí hay una meditación para que puedas conectarte con el Rey y la Reina de los unicornios.

MEDITACIÓN: Conocer al Rey y a la Reina de los unicornios

1. Siéntate tranquilamente en un lugar donde nadie te moleste.
2. Puede que quieras encender una vela o poner música suave e inspiradora.

3. Imagínate sentado tranquilamente debajo de un árbol cubierto de hojas. A tu alrededor todo es suave y verde.
4. Es posible que puedas escuchar el canto de los pájaros y la brisa que hace crujir las hojas.
5. Se acerca una luz blanca pura y de ella emerge un unicornio. Ha venido a llevarte al reino de los unicornios.
6. Saluda al unicornio respetuosamente y pregúntale si puedes acariciarlo.
7. Él te invita a montar sobre su grupa. Esto es un gran honor y debe aceptarse con reverencia.
8. Puedes encontrar que tu ángel de la guarda se haya sentado en la grupa del unicornio detrás de ti.
9. Te sientes muy seguro cuando el unicornio se eleva contigo sobre las montañas y vuela entre las estrellas.
10. Al frente ves los enormes pilares blancos de las puertas del reino de los unicornios.
11. Al entrar, verás muchos unicornios, todos permanecen quietos y en paz.
12. Un pavo real blanco puro se detiene frente a ti y extiende su cola.
13. Varios unicornios te honran rodeándote y derramando sobre ti una lluvia de estrellas que brota de sus cuernos. Luego forman una procesión.
14. Caminas entre los unicornios hacia un castillo encantador.
15. Muchos pájaros de una blancura purísima vuelan por encima de ti.
16. Cuando te acercas al castillo te detienes un instante mientras la luz blanca se vierte sobre ti para purificarte y elevar tu frecuencia. Bébela. Absórbela por cada célula.
17. Luego, entras por la puerta principal y caminas con los unicornios hacia el vestíbulo de la recepción.
18. El Rey y la Reina de los unicornios te esperan. Cada uno tiene un cuerno, alas y coronas de luz. Son tan radiantes que casi te duelen los ojos.
19. Puedes acercarte a ellos y hacer una reverencia o una inclinación para honrarlos.
20. Te preguntan telepáticamente cómo pueden ayudarte.
21. Puedes decírselo o hacerles una pregunta.

22. Permaneces en silencio y receptivo a la respuesta.
23. Recibes la bendición de su luz en tu tercer ojo.
24. Les das las gracias. Luego, retrocedes hasta el pasillo y regresas por el mismo camino por el que llegaste.
25. Te despides de los pájaros y de los unicornios.
26. Vuelves al punto de partida, sentado tranquilamente debajo de tu árbol.
27. Cuando estés preparado, abre los ojos.

CAPÍTULO 7

LAS SEÑALES DE LOS UNICORNIOS

Plumas

Me sorprendió mucho cuando los unicornios me dijeron que, por ser de la jerarquía angelical, dejan pequeñas plumas blancas como hacen los ángeles. Te dejarán una para recordarte su presencia, para darte esperanza, para animarte a seguir intentándolo, o simplemente para decir que te aman y que están cerca de ti.

Así pues, cuando veas una pequeña pluma blanca, ten en cuenta que los unicornios o los ángeles han ido a visitarte.

Conozco a mi amigo Andrew Brel, que escribe música inspirada en los ángeles, desde hace muchos años. En el momento que escribo esta historia, acababa de terminar de componer música de ángeles y de unicornios, por lo que había estado viviendo y respirando su energía durante algún tiempo. Aparte de la música y de la escritura, su afición es el tenis, que practica concienzuda y apasionadamente. Me llamó dos veces durante esa semana en particular, angustiado porque jugaba contra el campeón de clubes en un torneo aquel mismo sábado. Su oponente era un jugador mucho mejor que él, por lo que nadie esperaba que consiguiera un solo set. Sin embargo, sucedió algo extraño.

El día antes del importante partido, Andrew se encontraba practicando con un amigo. Estaba a punto de servir cuando una pluma blanca revoloteó frente a él, y entonces él se detuvo para observar su lento descenso hasta que la pluma aterrizó a su lado. Después de eso jugó muy bien. Toda la noche estuvo pensando en aquella pluma. Para él, representaba el poder de la victoria, ya que los unicornios ayudan a las personas a superar obstáculos menores.

A la tarde siguiente, cuando llegó el momento fatídico de jugar contra su oponente infinitamente habilidoso y superior, pensó en la pluma cada vez que estaba a punto de sacar. Se convirtió en su punto de enfoque mientras lanzaba pelotas como nunca y descubría una resistencia previamente sin explotar. Fue increíble. ¿De dónde vino todo aquello?

Ganó los primeros once juegos. El marcador final fue 6-0, 6-1. Y me dijo que sólo perdió el último juego cuando pensó, «¿Cómo puedo humillar a este caballero de esta manera? Sería terrible para él». Andrew estaba convencido de que había sido inspirado y ayudado por la energía de los unicornios. Poco después de empezar a escribir este libro, me subí al coche para visitar a una amiga. Inmediatamente me di cuenta de que todo un grupo de unicornios se hallaban frente a mí, como si liderasen el camino. Había al menos ocho o diez de ellos. Naturalmente, mi amiga y yo hablamos sobre los unicornios y estaba pensando en ellos cuando regresé a casa. De repente, mi coche atravesó lo que me pareció un torbellino de plumas blancas. Era como si alguien hubiera vaciado un edredón de plumas sobre el vehículo. Estaban por todas partes. «¡Guau! –pensé–. ¿Hay tantos unicornios conmigo?».

Unas semanas más tarde, mientras los unicornios poblaban mi mente de una forma muy intensa, mi maravillosa asistente Michelle me dijo:

—¿Qué quieres que haga con todas estas plumas que sigo encontrando por la casa?

—¿Disculpa? –dije con total asombro.

Ella respondió:

—Están por todas partes y nunca sé qué hacer con ellas porque no me gusta aspirarlas.

Le pedí que las recogiera y las pusiera juntas, porque luego las bendeciría y les daría las gracias a los unicornios y a los ángeles. ¡No dice mucho de mi capacidad de observación en la casa! Es cierto que había visto unas pocas, pero ni mucho menos tantas como las que encontró Michelle. Ahora soy mucho más consciente de ellas.

En una ocasión, alguien me preguntó por qué pensaba que estas plumas en particular eran de unicornios. ¿Cómo podía saberlo? Sentí intuitivamente que pertenecían a esos hermosos seres porque estaba escribiendo sobre ellos.

Siempre siento la presencia de ángeles cerca de mí, pero los unicornios habían estado muy próximos durante unas semanas y ¿qué mejor manera de indicarme su presencia? Me pareció interesante que se aseguraran de que alguien más llamara la atención sobre las plumas que yo podría haber pasado por alto.

Regalos de unicornio

Me doy cuenta de que ahora hay más pequeños modelos de unicornios en las tiendas hechos de vidrio, peltre, cerámica y muchos otros materiales que nunca había visto.

Mi amiga Heather, con 86 años en el momento de escribir este libro, mantiene una estrecha relación con los reinos espirituales. Ve y se comunica con las hadas y algunos elementales, así como con los ángeles. Por supuesto, también ama a los unicornios.

Su asistenta, Joyce, es una señora muy sensata y con los pies en la tierra que lleva trabajando para ella muchos años. La hermana de Joyce, por otro lado, es fantasiosa y soñadora, creativa y artística. No tenía idea de los dones o intereses de Heather y, en cualquier caso, sólo la había visto un par de veces.

Un día, la hermana de Joyce estaba en una tienda de regalos cuando sintió como si alguien se hubiera acercado a ella por detrás, pero allí no había nadie. Sorprendida, miró hacia arriba y sus ojos se iluminaron a la vista de un hermoso unicornio de porcelana con un hada montada en su grupa. Cuando lo vio, una voz en su cabeza dijo: «Heather». Lo compró de inmediato y lo envolvió para regalo. Se lo dio a su hermana para que se lo entregara a Heather, quien estuvo absolutamente encantada porque reconoció que era un regalo de los unicornios, y realmente lo ama y lo aprecia.

Cuando Heather me contó la historia de su regalo, su amiga Mary, que estaba con nosotros, recordó otra experiencia. Un año, ella y Heather estaban de vacaciones en Irlanda. Mary conducía y Heather miró por la ventana y, en ese momento, vio a un niño pequeño montado a pelo en un pony, agarrándose a sus crines mientras galopaba imprudentemente por los páramos. Cuando Mary y Heather llegaron a la granja que había al final del camino, allí estaba el pony descansando después de su esfuerzo, pero sin el niño. Nunca había tenido a un niño en su grupa porque no había ninguno en la granja.

Cuando Heather recordó la emoción y la picardía del niño montado en el pony, se dio cuenta de que era un niño de hada. Unos días después de que me dijera esto, miré mis primeras notas sobre unicornios y descubrí que había escrito lo siguiente:

Los unicornios son libres
y nunca pueden ser ensillados o embridados,
pero por generosidad y amor a menudo permiten
que el espíritu de un humano los monte.
Esto es un honor increíble y nunca debe darse por sentado.
Los seres de los reinos elementales también los montan
en ocasiones, por ejemplo, un hada.

Otras señales

Cuando los unicornios quieren que pienses en ellos o que llamen tu atención sobre su presencia, encontrarán la manera de hacerlo. Alguien, por ejemplo, puede pasar junto a ti vistiendo una camiseta de unicornio. Tal vez veas el letrero de un unicornio de un pub o de una cafetería. Como en el caso de Heather, alguien puede entregarte un modelo de unicornio o una postal con uno. Puedes encontrar que hay un orbe de unicornio en una fotografía que tú o un amigo hayáis tomado. Siempre es una buena idea mantener los ojos bien abiertos. ¡Eso facilita su tarea!

Flores blancas

En uno de mis libros anteriores cuento la historia de mi amiga Pauline, una señora viuda y sanadora del Águila Blanca. Vino a mi casa una tarde y salimos a caminar juntas porque tenía algo especial que enseñarle.

Aquél era un hermoso día de primavera y caminamos por un sendero bajo los rayos de sol que se filtraban entre las hojas de los árboles, hasta una ladera en la que había visto crecer violetas blancas. Cuando Pauline las vio, se quedó sin aliento y me comentó que hacía unos días una médium le había dicho que su esposo la estaría esperando donde crecen las violetas blancas.

La energía en ese lugar era asombrosa y sólo más tarde que supe que ella amaba a los unicornios, y me di cuenta de que allí también había un unicornio. Ahora, cada vez que veo un ramito de violetas blancas pienso, no sólo en Pauline, sino también en los unicornios, y me pregunto qué mensaje tienen para mí.

Otro día, recibí un correo electrónico de una amiga que acababa de estar en Sudáfrica. Me contaba lo siguiente:

Mencionas que a los unicornios les encantan las flores blancas, especialmente los lirios exóticos. Muchas veces te he escuchado mencionar que Nelson Mandela fue tocado por la energía de los unicornios.

En mi reciente viaje a Sudáfrica, era muy consciente de las grandes flores blancas y silvestres que crecían a los lados de las carreteras, pero no sabía qué eran. En un viaje a Robben Island, donde Nelson Mandela estuvo detenido durante 18 de sus 27 años de prisión, pude ver de cerca una de esas flores. Tenía una hermosa trompeta de unos 15 cm de ancho.

Me sorprendió que no fuera más que una coincidencia que esta hermosa flor creciera donde él había pasado sus momentos más duros. No fue hasta que llegué a casa que descubrí que era un Arum Lily.

Según los unicornios, fueron a apoyar a Nelson Mandela mientras permanecía en prisión. Él se había ganado su ayuda, pero sin duda no era consciente de ello. Lo ayudaron a encontrar la fuerza y la fortaleza para aceptar sus pruebas, de modo que emergió con dignidad como un líder sabio.

EJERCICIO: Señales de unicornio

Durante una semana, anota cada señal enviada por un unicornio que veas o escuches. Te sorprenderás saber cuántas hay.

CAPÍTULO 8

LOS CUERNOS DE LOS UNICORNIOS

En todas las partes del mundo hay historias sobre criaturas místicas de esperanza y aspiración con un solo cuerno en espiral que surge de su tercer ojo, que es el *chakra* de la iluminación, la visión lejana y la sabiduría.

La espiral crea un vórtice o un poderoso empuje de energía hacia el exterior y es un símbolo femenino, que posee la capacidad de desactivar bloqueos en todos los niveles. Una espiral en el sentido de las agujas del reloj introduce una energía nueva, mientras que una en sentido contrario a las agujas del reloj extrae la energía vieja.

Cuernos blancos y dorados

A veces, un unicornio se representa con un cuerno blanco y otras con uno dorado. Siempre me había preguntado por qué. Cuando les pregunté a los unicornios, me respondieron que cuanto más evoluciona uno de ellos, más profundo es el oro de su cuerno, lo que indica una gran sabiduría. Un unicornio joven tendrá un cuerno blanco, que se vuelve blanco dorado y, finalmente, dorado intenso.

Entonces, ¿cómo evolucionan? Los ángeles de la guarda evolucionan a medida que las personas a las que cuidan crecen espiritualmente. Sin embargo, los unicornios evolucionan a través del servicio, por ejemplo, cuanto mayor es la calidad de la luz que pueden emitir de sus cuernos, mayor es su nivel de evolución.

Cuernos curativos

Un tema común a todos los mitos en todo el mundo es que el cuerno de unicornio tiene habilidades curativas y, especialmente, el poder de eliminar el veneno, lo que implica desde un punto de vista metafórico que pueden protegerse del mal.

La historia del estanque envenenado

En una historia muy conocida de Oriente, los animales del bosque bajaban a una charca para beber. Todos estaban muy nerviosos y asustados unos de otros.

Sin embargo, un día una serpiente se deslizó desde el lago y vertió su veneno en ella. Cuando los animales llegaron esa noche, percibieron el veneno y no se atrevieron a beber. Una de las criaturas fue enviada a buscar a un unicornio y pedirle que los ayudara. Mientras esperaban, los animales se acurrucaron para protegerse y empezaron a comunicarse entre sí. Cuando llegó el magnífico unicornio, sumergió su cuerno puro en el agua y el veneno fue neutralizado. Entonces, los animales pudieron volver a beber el agua dulce.

Esta narración también demuestra cómo la oscuridad sirve a la luz. En este caso, cuando la serpiente esparció su veneno maligno, obligó a los animales a comunicarse entre sí y a cooperar juntos para pedir ayuda. También aprendieron a apreciar el poder de la bondad.

El símbolo de la cruz

En algunas versiones de la historia de la charca envenenada, el unicornio hace la señal de la cruz con su cuerno sobre el agua, y esto es suficiente para disolver la maldad.

La cruz es un símbolo poderoso. Cuando la línea vertical desciende, trae el cielo a la tierra. La línea horizontal trazada de izquierda a derecha trae la intención, en este caso, la purificación, del mundo no manifestado al manifiesto.

La Edad Media

En la Edad Media, el cuerno del unicornio se volvió muy valioso, ya que se sabía que purificaba el agua, eliminaba el veneno y curaba todas las enfermedades. En algunas partes de Europa, un sirviente portaba lo que se creía que era un cuerno de unicornio alrededor de la mesa del banquete y probaba toda la comida y la bebida para comprobar si estaban envenenadas.

En el Medievo, los poderosos se gastaron enormes cantidades de dinero en cuerno pulverizado. Más adelante, en el siglo XVI, se dice que la reina Isabel I pagó 10 000 libras por un cuerno de unicornio, que fue incrustado en el cetro real y se encuentra en el tesoro real.

Los cuernos y los dientes todavía se usan simbólicamente para proteger tronos reales, arcos ceremoniales y lugares importantes. Presumiblemente, todos éstos son cuernos o colmillos de ballenas, elefantes, rinocerontes, antílopes o cualquier otra criatura que pueda pasar por un unicornio.

Rinoceronte

Siento que el pobre rinoceronte haya sufrido tanto porque los humanos recuerdan de los registros del inconsciente colectivo que una criatura con un solo cuerno es un ser poderoso, que puede efectuar curaciones mágicas y purificación. La humanidad ha proyectado esta conciencia superior en un animal físico con un cuerno. Como resultado, esta enorme bestia ha sido cazada por su cuerno, que según la superstición contiene poderes curativos y mágicos, además de ser afrodisíaco y capaz de detectar el veneno.

Iluminación

La mayoría de nosotros, los humanos, tendemos a configurar nuestras vidas como series de televisión y nos sumergimos en el drama de nuestras circunstancias. Todo ese dolor, sufrimiento, celos, ira o amor resulta muy adictivo y, mientras estamos involucrados en la obra, nos sentimos vivos, infelices tal vez, pero definitivamente vivos.

A medida que evolucionas, puedes decidir hacerte a un lado y ver cómo se desarrolla el drama en tu vida, sin participar. Lo contemplas, analizas tu participación y decides cómo puedes hacerlo de manera diferente y con conciencia.

En este punto, un unicornio puede aparecer en tu vida para ayudarte a dar el siguiente paso, que es alejarte del escenario por completo y vivir la vida desde otra perspectiva.

El cuerno del unicornio que parte de su tercer ojo es un signo visible de iluminación porque los unicornios son seres completamente iluminados. Son una guía y un ejemplo.

Con la conciencia de la iluminación,
puedes ser tú mismo,
sentirte contento con tu suerte
y saberte capaz de ver
lo divino en todo.

Entonces, si estás preparado para esto, no te sorprenda si notas que un caballo invisible te «empuja», si sientes la presencia de un unicornio cerca de ti o si aparece uno en tus sueños. En ese caso, serás consciente de la luz en todas las cosas y personas, o bien sentirás una sensación de profunda satisfacción.

La iluminación simplemente es. Es un estado de ser. Es aceptación. No puedes buscarla porque no hay nada que encontrar. Es tu esencia y tu derecho de nacimiento y muchas personas han alcanzado diferentes niveles de ella.

Otras experimentan un momento de iluminación, que es como encender una luz. Es posible que la realidad nunca vuelva a ser lo mismo porque verás lo divino en todas las cosas y en todas las personas. O bien puede desvanecerse. De cualquier manera, nada puede arrebatarte ese recuerdo.

EJERCICIO: Meditación de iluminación

El objetivo de esta meditación es percibir lo divino en todas las cosas, de modo que utilices los aspectos superiores de tu tercer ojo.

A veces es útil recordar que la hora más oscura es antes del amanecer y que ocurre lo mismo con tu conciencia. Cuanto más sientas que nunca verás, más cerca estarás de atraer la luz. Por supuesto, puedes realizar esta visualización tantas veces como desees.

1. Encuentra un lugar donde puedas estar tranquilo y sin que te molesten.
2. Pide a los unicornios que te envuelvan con un manto de conciencia de Cristo para protegerte.
3. Siéntate cómodamente y concéntrate en tu respiración. Sé consciente del frescor en tus fosas nasales al inhalar y de la relajación de tu columna vertebral al exhalar. Repite esto diez veces. Luego, inhala diez veces por la fosa derecha y exhala por la izquierda. Siente cómo te relajas cada vez más en cada exhalación.
4. Pídele a tu unicornio que se acerque para que puedas sentir que te empuja o que sientes un cosquilleo al entrar en su aura.
5. Pídele que toque tu tercer ojo con su cuerno de luz. Después, permanece quieto un rato.
6. Imagina tu tercer ojo como una gran esfera que hay frente a ti. ¿A qué se parece? ¿De qué color es? ¿Cuántas puertas o secciones siguen cerradas? ¿Qué tan cerca estás de la iluminación?
7. Pídele al unicornio que abra una puerta. Cuando lo haya hecho, entra.
8. ¿A quién o qué encuentras ahí?
9. Abandona la racionalidad. Tan sólo bendice a lo que sea o a quien esté allí. Contémplalo desde una perspectiva mucho más alta y recuerda pedirle orientación a tu unicornio.
10. Cuando realmente puedas encontrar el mensaje divino en la situación, esa puerta en tu tercer ojo permanecerá abierta y llevarás más luz.
11. Da las gracias al unicornio.
12. Abre los ojos.

CAPÍTULO 9

LOS ROLES DE LOS UNICORNIOS Y DE LOS ÁNGELES

Aunque tanto los ángeles como los unicornios pertenecen a la jerarquía angélica, sus roles son diferentes. Existe cierta superposición ya que son seres de compasión y amor y, debido a que tu sí posees libre albedrío, si quieres tener la ayuda de cualquiera de ellos, debes pedírsela.

El corazón y el alma

Los unicornios trabajan contigo a nivel del alma. Te ayudan a cumplir el propósito de tu vida y aportan alegría y deleite a tu vida. Si tienes grandes y nobles ideales, los unicornios se sentirán atraídos por ti para realzar y potenciar tu inspiración superior. Donde tu intención es pura pero la esperanza comienza a desvanecerse, ellos te apoyarán y alentarán. Si se te ridiculiza por tus pensamientos o aspiraciones progresistas, ellos defenderán tu dignidad y fortalecerán tu coraje. Si tu luz es pura e inocente, la iluminarán y expandirán.

Si deseas ser un pacificador, ayudar a la sociedad o mejorar la suerte de los enfermos, de las personas sin educación o empobrecidas, un unicornio se sentirá atraído hacia ti. Te abrirá puertas y te fortalecerá. Si tu alma anhela algo, tu unicornio te iluminará y te ayudará a hacer realidad tu deseo.

Una víctima se siente impotente y busca a alguien que la rescate y que la cuide. Los unicornios nunca trabajarán con una conciencia de víctima porque su tarea es ennoblecer y alentar toda aspiración. Por supuesto, ayudarán a alguien que tenga problemas físicos si es para su mayor bien. Los ángeles de la guarda responderán a los deseos de tu corazón. Si estás desesperado, tu ángel te abrazará y consolará. Tratará de levantarte el ánimo y de ayudarte a encontrar la felicidad. Los ángeles de la guarda están constantemente buscando formas de traerte amor, si estás preparado para ello. Te facilitarán la vida ayudándote a encontrar plazas de aparcamiento, regalos perfectos o la dirección correcta. También puedes comunicarte con alguien pidiéndole a tu ángel que hable con su ángel y esto puede resolver muchos problemas que tu personalidad considera difíciles de solucionar.

Tu ángel de la guarda tiene el modelo divino para tu vida y te susurra al oído. Constantemente te recuerda las mejores decisiones que puedes tomar, aunque tiene libre albedrío para ignorar esas indicaciones. Muchas personas han escuchado a los ángeles cantar porque cantarán sobre ti para consolarte o elevar tus vibraciones, a menudo mientras estás dormido.

Una historia

En una ocasión, conocí a un médico que no tenía nada que ver con el mundo espiritual hasta que le presentaron a un psíquico en la casa de un amigo. Unos días después, el hijo de otro amigo le contó todo sobre las auras y agregó que siempre las había visto. ¡El médico estaba asombrado! Esa noche encontró mi sitio web y vio los clips de televisión, por los cuales se enteró de que todos tenemos un ángel de la guarda, que nos ayudará si se lo pedimos y que es fácil conectarse con él.

Entonces, se acostó en su cama y le pidió a un ángel que acudiera junto a él. Inmediatamente, una luz azul profunda comenzó a aparecer sobre él. Pronto el resplandor dorado empezó a arremolinarse en él. El médico observaba con interés. Luego, los colores formaron un vórtice y comenzaron a girar hacia su tercer ojo. Le pareció extraordinario y estaba seguro de que era una presencia angelical. Les hizo una pregunta a los ángeles y fue inesperadamente respondida ese mismo fin de semana.

Otro día, el mismo médico quedó con un amigo diferente y escuchó la maravillosa música de la catedral durante la noche. Por la mañana le preguntó a su amigo qué CD había puesto después de que él se fuera a la cama. ¡Por supuesto, había estado profundamente dormido y no había música! Desconcertado, entró en una librería y compró mi primer libro sobre ángeles, *A Little Light on Angels*. ¡Y lo abrió por el capítulo «Angels Singing»!

También explicó que al día siguiente un bebé dejó de llorar en el preciso instante en que lo pusieron en sus brazos. Lo miró a los ojos y él sintió como si estuvieran realizando una conexión de alma a alma, algo que nunca había experimentado. Eso fue sólo el comienzo. Desde el día de la intervención angelical, sus pacientes, especialmente los bebés y los niños, le responden de una manera completamente diferente. Se ha convertido en un sanador espiritual y, en el momento de escribir este artículo, los unicornios están esperando para trabajar con él.

Orientación y protección

Siempre que hago un viaje en coche, doy las gracias a los ángeles y a los unicornios por proteger y guiar mi viaje. A menudo me doy cuenta de que hay varios unicornios delante del coche, que marcan el camino. Los caballos de luz siempre galopan a un metro o dos por encima del suelo. No puedo explicar la maravillosa sensación que me produce el hecho de que me guíen. ¡Esto no siempre evita que me pierda! Sin embargo, supongo que se necesita la energía de un unicornio en aquellos lugares a los que nos desviamos «accidentalmente».

Pídele al reino de los unicornios
o de los ángeles protección,
guía y dirección en la vida.
Cuanto más les hables y te conectes con ellos,
más cerca estarás de sus energías
y de sus maravillosas cualidades.

Curación

Tanto los unicornios como los ángeles tienen poderes sanadores, porque todos los seres de la séptima dimensión pueden curar. Cualquiera de ellos puede tocar tus *chakras* o centros de energía espiritual, pasando luz hacia ti. O pueden derramar energía curativa sobre ti.

Rebecca nunca había trabajado con los unicornios. Tenía una pierna dolorida y le sugerí que llamáramos a los unicornios para que apuntasen la energía curativa hacia la zona en la que sentía dolor. Ambas tuvimos la sensación de que se nos acercaba un hermoso unicornio y ella pudo sentir que algo se movía en su pierna. El dolor desapareció por completo. Literalmente, estos seres derraman luz de alta frecuencia por sus cuernos, lo que disuelve el bloqueo o el karma que crea el dolor.

Salvándote de la muerte o del peligro

¿Cuándo te salva un unicornio y cuándo un ángel? Si no es tu momento de morir o tu karma de sufrir, el ángel de la guarda debe intervenir y salvarte. Sin embargo, tu unicornio también puede ayudarte a ello. Al igual que los ángeles, éstos a veces responden a una llamada de ayuda por pura compasión. En otros casos, la persona puede tener una conexión cercana, aunque inconsciente, con su unicornio.

En una ocasión, un hombre me dijo que una vez, cuando creyó que se estaba ahogando, fue retenido por un caballo blanco hasta que llegó la ayuda pertinente. Encontré muy interesante que la espuma blanca del mar recibe el nombre de «caballos blancos» porque los marineros de antaño veían unicornios manteniendo sobre las olas las cabezas de sus compañeros que, de otra manera, se habrían ahogado.

Cuando Kathy Crosswell y yo estábamos mirando cientos de fotografías que contenían orbes para nuestros libros, *Enlightenment Through Orbs* y *Ascension Through Orbs*, se nos presentaron varias series de fotografías tomadas a intervalos de un minuto o menos. En uno de estos orbes, unicornios y hadas viajaban juntos por el océano, azotados por una violenta tormenta, para ayudar a las personas que había en los barcos y a las criaturas marinas.

Debido a que el poder de una tormenta a veces puede impulsar a ciertos individuos a arrojarse al agua, los unicornios también patrullan para salvar a quien se deja arrastrar por tal compulsión.

Bendiciones

Puedes pedirles tanto a los unicornios como a los ángeles que bendigan a las personas, los lugares y las situaciones a través de ti. La información la hallarás en el capítulo «Las bendiciones de unicornio».

EJERCICIO: Corazón y alma

1. Coge dos hojas de papel. Escribe en la parte superior de la primera, «Cosas que hacen cantar a mi corazón», y en la segunda, «Cosas que satisfacen mi alma».
2. Enumera en la primera hoja todo cuanto tienes o deseas que te haga feliz. Puede ser un buen trabajo, una relación romántica, éxito en una tarea e incluso un coche nuevo.
3. Enumera en la segunda todo aquello que te haga sentirte profundamente satisfecho, conectado con lo divino y dichoso. Pueden ser los servicios para abrirte el corazón, una expresión creativa, artística o musical, una meditación profunda, estar en la naturaleza, incluso tener un hijo, si ése es el anhelo de tu alma.

EJERCICIO: Visualización

1. Encuentra un lugar donde puedas permanecer tranquilo y sin que nadie te moleste.
2. Si es posible, prepara el espacio poniendo música suave de fondo, encendiendo una vela o una barra de incienso, creando un altar o poniendo algunas flores para aumentar la energía.
3. Cierra los ojos y sé consciente de que tus párpados se vuelven cada vez más pesados. Concéntrate en los dedos de los pies al exhalar y

siente cómo se relajan. Luego, continúa con el resto del cuerpo, relajando los pies, los tobillos, las pantorrillas, las rodillas, los muslos, el abdomen, la zona lumbar, la columna vertebral, la nuca, el pecho, los brazos, las manos, los hombros, la cara y el cuero cabelludo.

4. Pídele al arcángel Gabriel que coloque una burbuja blanca pura de protección a tu alrededor.
5. Imagina que te hallas en un claro del bosque. Es posible que puedas oler la hierba húmeda y las flores, escuchar el rumor de un arroyo o sentir el suave sol en la cara.
6. Tu ángel de la guarda camina hacia ti a través del claro. Le acompaña un magnífico unicornio blanco puro. Ambos se dirigen directamente hacia ti.
7. Cuéntale a tu ángel de la guarda los deseos de tu corazón y pídale ayuda y guía para iluminar tu vida con esos deseos. Escucha su respuesta.
8. Cuéntale a tu unicornio los anhelos de tu alma y escucha su respuesta.
9. Tu ángel de la guarda posa sus manos sobre tu corazón por la parte delantera y trasera del torso. Puedes sentir su amor fluir mientras se abre para recibir el deseo de tu corazón.
10. Tu unicornio toca tu tercer ojo con la luz de su cuerno. Una vez más, puedes ser consciente de la sensación a medida que penetra más energía en tu alma.
11. Tu ángel y tu unicornio te envuelven en una hermosa luz rosada y suave, ayudándote a integrar las energías superiores.
12. Dales las gracias y abre los ojos.

CAPÍTULO 10

LOS UNICORNIOS Y LOS NIÑOS

Los bebés y los niños están abiertos al alma y especialmente a las hadas y a los unicornios. Por esa razón son tantos los juguetes para niños que están decorados con unicornios y hadas juguetonas. He oído hablar de muchas fiestas infantiles de unicornios, pero ahora te contaré una historia especial sobre un pastel de unicornio.

Un pastel de unicornio

Margi se había mudado a su nueva casa en un complejo en Johannesburgo. El constructor era grande y corpulento, la persona más improbable para tener conocimientos acerca de los unicornios, o eso pensaba ella. Un día dijo que quería mostrarle algo a Margi, que estaba en la casa de al lado. Ella lo siguió hasta la casa vecina y allí, en la cocina, vio un pastel de unicornio, que el constructor había hecho para el cumpleaños de su nieta. Estaba rodeado de unicornios y también tenía pequeños unicornios hechos con azúcar para regalarlos a los niños invitados a la fiesta. El hombre le preguntó a Margi:

—¿Crees que este pastel le gustará a mi nieta?

Margi dijo:

—¡No!

El rostro del hombre se ensombreció hasta que Margi agregó:

—No le gustará. ¡Le encantará!

Entonces, él sonrió de oreja a oreja.

—¿De verdad lo crees así? –exclamó encantado.

El lunes por la mañana se vieron y ella le preguntó cómo había ido la fiesta.

—Fue fantástica. A mi nieta le encantó y todos los niños disfrutaron de sus unicornios de azúcar. ¡Un éxito!

Supervisión prenatal

Ahora que están naciendo tantos niños índigo, arcoíris, sol y cristal que son los iluminados que poseen una frecuencia muy alta, los unicornios se están conectando con ellos y les enseñan antes de nacer. Sus espíritus se reúnen en un pequeño grupo de seis o siete para recibir instrucción en los planos internos. De vez en cuando, imparten una clase numerosa.

Los unicornios siempre han conectado el prenacimiento con aquellos que tienen una misión especial para promover el progreso de la humanidad de alguna manera.

Implantan una estrella en su aura, de modo que, cuando el individuo entra en la nebulosa negatividad de la Tierra, su luz puede ser identificada. Los ángeles y los unicornios hacen un esfuerzo especial para localizar y ayudar a estos niños.

Colocan estrellas de cinco puntas en las auras de aquellas almas que se esfuerzan por perfeccionarse, para que puedan, a través de su propio crecimiento, ayudar a los demás. Colocan las de seis puntas en las auras de las almas que tienen una visión para traer el cielo a la tierra.

Algunas almas, que han sido especialmente entrenadas, se distinguen con una estrella de siete puntas, para que puedan liderar un equipo de ascensión.

Otra razón para que se lleve a cabo la estrecha supervisión y educación antes del nacimiento de los niños iluminados de Orión es que muchos de ellos no pueden hacer frente a las fuertes vibraciones de la Tierra.

En ocasiones, parte de su alma se retrae, lo que resulta en lo que los médicos llaman autismo o tendencias autistas. La energía del unicornio puede ayudarlos a permanecer conectados a nuestra realidad.

Montando caballos

Conozco a una niña que vive al límite: es excitable, a veces retraída y puede ser bastante difícil de manejar.

Su madre la inscribió en una clase de balé con sus amigas, pero ella se negó a participar. Explicó que, si bien le encantaban los cuentos de Angelina Ballerina y leer sobre balé, no quería practicarlo. Entonces, su madre probó con las clases de natación. No, la niña tampoco mostraba interés. La gimnasia era aburrida, dijo. Finalmente, la madre le ofreció aprender equitación y ella se mostró entusiasmada.

Aparentemente, en la primera clase, la niña estuvo sentada en la grupa del caballo durante media hora mientras el entrenador guiaba al animal. Ella entró en un dichoso estado de trance y no quiso desmontar. Aquel estado de ánimo le duró mucho después de que se fueran a casa. Y cada semana ocurría lo mismo. El solo hecho de estar en contacto con el caballo la llevaba a otro espacio donde encontraba paz y quietud.

Creo que esta niña especial pudo conectarse con la energía del unicornio mientras montaba a caballo y esto le permitía sentirse segura y que encajaba a la perfección. Era su momento de conexión espiritual.

Los niños ven a los unicornios

Flavia-Kate, que trabaja con los unicornios, escribió: «Fueron los niños quienes notaron la presencia por primera vez de los unicornios a mi alrededor. Doy charlas a grupos y, a menudo, la gente trae a sus hijos. Los niños pueden ser muy videntes espiritualmente y a menudo era una alegría cuando algunos de ellos corrían hacia mí al final de una sesión y me gritaban con entusiasmo:

—¡Podemos ver tus unicornios!

Llevar a los niños al reino de los unicornios

A veces, mientras estoy acostada en la cama preparándome para dormir, me visualizo llevando a mis nietos, que tienen dos y cinco años en el momento de escribir este libro, a un hermoso jardín sagrado, donde nos encontramos con unicornios. Luego, cabalgamos sobre sus grupas y nos llevan a su reino.

Al principio, montábamos juntos en un enorme unicornio y, más adelante, gradualmente, los mis nietos empezaron a montar sus propios pequeños unicornios. Una vez en el séptimo cielo, juegan con las grandes criaturas y reciben energía pura, curación y enseñanzas. Creo que en algún nivel sus espíritus están conmigo. Tenerlos junto a mí es una especie de regalo de amor.

EJERCICIO: Enciende una vela

Enciende una vela cada mañana y pídeles a los unicornios que vayan a visitar a determinados niños. No es necesario que los conozcas, pero tus pensamientos activos crearán un puente de luz que facilitará que los unicornios se conecten con algunos de ellos.

CAPÍTULO 11

LOS SENTIDOS DEL UNICORNIO

Los unicornios son como instrumentos finamente afinados. Tienen un sentido del olfato muy evolucionado. Como los humanos, aman el perfume de la felicidad y les repugna el hedor de la ira. Por supuesto, no comen, ya que no tienen un cuerpo físico que necesite nutrirse, por lo que no tienen sentido del gusto.

Oído

Como criaturas de frecuencias más altas, los unicornios pueden escuchar notas y tonos que están fuera de nuestro rango auditivo. A menudo, escuchan la música más allá de los sonidos a los que estamos acostumbrados.

Pueden seleccionar frecuencias mucho más altas y cientos de notas que simplemente nosotros nos perdemos. Todos los seres vivos emiten música, ya sea la hierba que crece, el sol saliendo o un planeta en movimiento. Tu aura también emite notas musicales, cuya calidad depende del estado de tu conciencia. Tu unicornio puede oírlo todo.

Como todos los seres altamente evolucionados, aman la hermosa armonía. La voz humana siempre ha tenido el poder de curar y elevar. Por ejemplo, si alguien tiene una voz de canto tan gloriosa que puede levantar la conciencia de quienes la escuchan, los unicornios estarán en el concierto observando las energías y agregando su propia luz. O si el timbre de tu voz está en una vibración angelical o curativa, trabajarán contigo.

Ellos escuchan la música de las esferas, la melodía del agua que corre, el suspiro del viento y los ángeles cantando. Por ejemplo, un hermoso jardín, lleno de flores y un césped de color esmeralda, con una fuente de la que brota agua, emana maravillosas notas musicales. Para un unicornio, suena como una orquesta interpretando una hermosa sinfonía. También les encantan los jardines salvajes donde juegan los elementales. ¡Un jardín abandonado con un estanque enmohecido o montones de basura les suena a *heavy metal*! Se alejan rápido.

El zumbido de una subestación eléctrica les resulta muy perturbador. Pelearse, gritar o cualquier forma de discordia es desagradable y se retiran de inmediato. Esto también se aplica a aquellas emociones, ya sea en la actuación o en la realidad, que se emiten desde la televisión o la radio.

El martilleo, la perforación o un motor ruidoso irradian vibraciones como el calor de un horno, del que los unicornios se alejan tan rápido como lo harías tú si estuvieras quemándote a causa del fuego.

Las emociones tienen un sonido y un olor. La ira suena como un ladrido, mientras que la cólera pasiva ladra o gruñe. Incluso una persona hosca emite un gruñido, ¡mantente alejado de mí aura! Podemos sentirlo, pero un unicornio lo oye. El amor, la compasión y la alegría suenan como una música hermosa y melodiosa, la satisfacción ronronea suavemente, mientras que la aspiración superior envía emocionantes llamadas de clarín.

Por supuesto, el aura pura y gloriosa de tu unicornio reproduce las melodías y los armónicos más extraordinarios, mucho más allá de tu rango auditivo. Es tan maravilloso que sintoniza todo a su alrededor en una octava más alta. Los sonidos que emiten pueden tocar a las personas intensamente, hasta lo más profundo de sus almas.

Hubo un tiempo en que todos los aldeanos asistían a su iglesia los domingos y, mientras cantaban himnos, automáticamente entraban en armonía para el propósito más elevado de la comunidad local. Aquellos que estaban emocional o mentalmente fuera de alineación eran reajustados por las voces de sus amigos y por los ángeles que cantaban con ellos. De esta manera, los vecinos podían vivir en paz.

Los unicornios también escuchan y responden a la intención y a la energía del sonido, por lo que donde hay música hermosa, cánticos sagrados o coros cantando en armonía juntos, los unicornios agregarán su luz. El sonido de una madre canturreando a su bebé atraerá a un unicornio para derramar amor sobre ambos.

Y se sienten atraídos por la risa alegre, la conversación inspiradora, las palabras amorosas y el parloteo de los niños que juegan alegremente. Un gato ronroneando, un pájaro derramando su corazón en su canto, la brisa en los árboles o las olas rompiendo en la orilla es música para un unicornio. Las melodiosas campanillas de viento los llaman.

Vista

Los humanos están descubriendo que, a medida que aumentan sus vibraciones, pueden ver matices sutiles que antes no veían. Y cada vez más personas se están abriendo a la iluminación y desarrollando su visión psíquica y su clarividencia. Los unicornios están totalmente iluminados, todo lo saben, todo lo ven, por lo que pueden ver un espectro mucho más allá de nuestro rango visual. Pueden ver tanto con sus ojos físicos como con su tercer ojo.

Olfato

Los unicornios tienen un sentido del olfato fino y delicado. Todos tus pensamientos desprenden un aroma. Hablemos del olor del miedo: es afilado. La cólera es acre como el ardor o explosivo, mientras que la ira pasiva se parece más al hedor de las cloacas. Los celos son como el amoníaco. Si tus pensamientos y emociones apestan, no importa cómo te justifiques, los unicornios te evitarán. Por otro lado, si estás lleno de amor, alegría, paz y pensamientos nobles, tu aura está bellamente perfumada.

El amor es como una rosa fragante. La compasión huele a lirios. Un corazón cálido, nutrido y abierto envuelve literalmente a las personas en el olor a pan horneado, a un nivel tan sutil que no pueden discernirlo físicamente, pero los unicornios sí.

EJERCICIO: El sonido del unicornio

Este ejercicio lo he realizado de diversas maneras en diferentes lugares y sé que siempre atrae a los unicornios. Les encanta. Ayuda a armonizar un grupo y puede producir profundos sentimientos de serenidad.

Necesitarás un grupo de personas que se dividan en dos, tres o cuatro conjuntos, aunque es posible hacerlo sólo con dos o tres personas.

1. Cada grupo encuentra un espacio tranquilo y en el que no sea molestado.
2. Juntos crean un sonido, una melodía, un tono o un canto dedicado a los unicornios. Esto suele llevar diez minutos o más.
3. Cuando están listos, regresan al espacio principal y cada grupo, a su vez, ofrece su música de unicornio.
4. Un grupo comienza y, después de un minuto o dos, el segundo grupo entra con su música y armoniza con el primero.
5. Luego entra el tercer grupo, nuevamente armonizando con el resto para crear algo más grande que su canción individual.
6. Entra el cuarto grupo.
7. La armonía continúa hasta que un grupo está listo para detenerse y cada uno se retira suavemente.
8. Todos se sientan en silencio sintonizando el sonido y la presencia de los unicornios.

EJERCICIO: Sonido y movimiento de unicornio

Éste es el mismo ejercicio, pero cada grupo agrega un movimiento fluido. Cuando se unen, armonizan el movimiento y el sonido.

EJERCICIO: Sonido, color y movimiento de unicornio

Los grupos actúan como se ya se ha indicado antes, pero cada uno elige un color que visualiza. Psíquicamente, se verá que los colores se arremolinan y se fusionan alrededor de las personas a medida que se mueven, cantan o entonan.

CAPÍTULO 12

LOS DESEOS DE UNICORNIO

Los mitos antiguos nos dicen que los unicornios conceden deseos a los puros de corazón. Esto significa que abren puertas para quienes están realmente dispuestos a recibir con gratitud, alegría e integridad.

Cuando un niño puro e inocente pide un deseo desde el fondo de su corazón, un unicornio se acerca al pequeño para ayudarlo. Si el deseo es por su mayor bien, el unicornio lo concederá. Sin embargo, como todas las cosas en este planeta, esto está sujeto a la ley espiritual. Si un niño en pleno duelo desea desesperadamente que su madre regrese, el unicornio no puede hacerla vivir de nuevo. Ésta es una decisión a nivel del alma tomada por la madre y todos los involucrados antes de la encarnación y ningún ser de luz puede contrarrestar tal compromiso. Sin embargo, el unicornio sí puede traer a alguien con energía maternal para consolar y ayudar al niño.

Tanto los niños como los adultos se sienten en ocasiones deprimidos, confundidos y solos, y sus vidas están teñidas de gris. Si se les pide, los unicornios pueden ayudar a devolverles el brillo y la magia.

Leyes espirituales

La Ley de la Oración es: «Pide, cree y te será concedido». En otras palabras, el Universo responde a la fe.

La Ley de la Manifestación dice que, cuando te enfocas en tu visión sin duda o desviación, el deseo debe serte concedido. El primer paso es la claridad. Es de vital importancia que decidas lo que realmente quieres antes de pedirlo. La indecisión envía una energía confusa, de modo que los unicornios no pueden ayudarte. Cuando tengas claro lo que realmente quieres, concéntrate en ello. Imagina que ya lo tienes. Luego diles a los unicornios lo que quieres. Ten cuidado con la manera en que lo describes.

Si, por ejemplo, dices que harás cualquier cosa para ayudar a los huérfanos del sida, es posible que descubras que tu vida cambia drásticamente y que te sientes abrumado por oportunidades que superan tus capacidades. Las palabras tienen poder. Es más prudente decir: «Me ofrezco a ayudar a los huérfanos del sida y estoy abierto a recibir orientación». Si tu intención es pura y clara, tu vida cambiará de una manera que puedas manejar.

Claridad

EJERCICIO: Obtener claridad

1. Escribe tu deseo.
2. Dibújalo como si ya hubiera sucedido.
3. Colorea a su alrededor los matices del sentimiento que te aporta.
4. ¿Te parece completamente correcto? Si es así, compruébalo con la Meditación de la Claridad que expongo a continuación. Si no es así, piénsalo de nuevo.

EJERCICIO: Meditación de la claridad

1. Cierra los ojos, imagina que estás sentado en un círculo mágico de setas venenosas.
2. Tu unicornio se te acerca y le dices lo que deseas.
3. Te subes a su grupa y él avanza suavemente hacia los mundos interiores contigo.
4. Os acercáis a una puerta marcada con tu nombre.

5. Cuando tocas la puerta, se abre y entras en un mundo donde tu deseo es realidad.
6. Tómate tu tiempo para experimentarlo. Aquí puedes cambiar cualquier cosa.
7. ¿Cómo percibes tu cuerpo? ¿Te sientes ligero y feliz?
8. Cuando estés seguro de que lo has hecho bien, puedes pedirle al unicornio que te lleve de regreso a casa.

EJERCICIO: Meditación del deseo de unicornio

1. Ve a un lugar donde puedas estar relajado, tranquilo y donde no te molesten.
2. Cierra los ojos y abandona el mundo exterior.
3. Deja que tu ángel de la guarda se siente a tu lado y te envuelva con sus alas.
4. Visualiza una escalera blanca brillante que se extiende frente a ti.
5. Una hermosa luz de arcoíris cae en cascada por los escalones.
6. A través del brumoso arcoíris aparece un glorioso unicornio que baja los escalones hacia ti. Te saluda y te invita a subirte a su grupa.
7. Tu ángel te eleva hasta el unicornio y se sienta detrás de ti, sus alas te envuelven de nuevo.
8. El unicornio se da la vuelta y sube los escalones. Puedes ver la niebla del arcoíris arremolinándose alrededor de tus piernas.
9. Emerges a la luz del sol y, enfrente, hay un gran arco con rosas bellamente perfumadas que crecen por todas partes. El unicornio te lleva a través de él.
10. Al otro lado, hay un claro verde suave lleno de flores silvestres con un antiguo pozo de los deseos en el centro.
11. Tu ángel te ayuda a bajar de tu unicornio.
12. Recoges una piedra del suelo. La sostienes con cuidado, la bendices y expresas tu deseo en ella.
13. Le pides al unicornio que bendiga tu deseo tocando la piedra con su cuerno.
14. Dejas caer la piedra con tu deseo en el pozo. Escuchas el chapoteo.

15. Una gota de agua vuelve a la superficie. La coges y se la entregas al unicornio para demostrarle gratitud.
16. Te sientas en la hierba y visualizas tu vida como si ya te hubieran concedido el deseo.
17. Tu ángel te ayuda una vez más a subir a la grupa de tu unicornio y regresas a través del arco de rosas, bajando los escalones del arcoíris hasta donde empezaste a subir.
18. Les das las gracias al ángel y a tu unicornio.

Juegos y ejercicios de deseos de unicornio

EJERCICIO: Espiral de deseo de unicornio 1

1. Una espiral es una forma sagrada. Cuando dibujas o trazas una en el sentido de las agujas del reloj, creas energía sagrada para energizar tu deseo.
2. Cuando la dirección es en sentido contrario a las agujas del reloj, extraes cualquier energía negativa que te haya estado bloqueando, para que tu deseo pueda manifestarse. Este ejercicio ayuda a abrir el tercer ojo.
3. Dibuja una gran espiral y coloca un unicornio en el medio. Ésta no es una prueba de habilidad artística. Puedes dibujar el unicornio tú mismo o trazar uno, luego, recórtalo y pégalo o bien usa una estrella plateada para simbolizarlo.
4. Cada persona a su vez traza su espiral con su dedo y, cuando llegan al unicornio en el centro, piden un deseo.

EJERCICIO: Espiral de deseo de unicornio 2

Puedes marcar la espiral con tiza, piedras, conchas, ramitas o cualquier cosa que desees. Después, debes caminar alrededor de ella, y pedir un deseo cuando llegues al centro.

EJERCICIO: Deseo del laberinto del unicornio

El laberinto es un símbolo más complejo y poderoso que la espiral. A medida que trazas o recorres esta forma, estás efectuando simbólicamente el viaje sagrado de tu vida: entrando en el corazón de tu ser y luego regresando al mundo nuevamente.

Este ejercicio ayuda a armonizar los hemisferios derecho e izquierdo, ya que ambos lados de tu cerebro son ordenadores, que luego pueden trabajar juntos más fácilmente. Le permiten a tu unicornio realizar tu deseo de una forma más fácil.

1. Dibuja un laberinto y coloca un unicornio o algo que represente uno en el centro. También puedes hacer lo siguiente.
2. Traza el laberinto con el dedo.
3. Haz una pausa cuando llegues al unicornio que se halla en el centro y pide un deseo.
4. De nuevo, traza el recorrido con tu dedo.

Hay instrucciones completas sobre cómo dibujar tu propio laberinto en *Discover Atlantis*.

EJERCICIO: Deseo de unicornio en una estrella

Ésta también es una manera muy poderosa de manifestar los deseos. Puedes hacerlo con dos o más personas, así que ten cuidado con lo que deseas.

1. Recorta una estrella plateada para cada persona, o bien que cada una sostenga un pequeño cristal.
2. Una persona (A) comparte su deseo con los demás, algo que los llena de alegría.
3. A) luego sostiene la estrella o el cristal entre sus palmas.
4. Los demás colocan sus palmas alrededor de (A).
5. (A) expresa su deseo en voz alta.
6. Juntos invocáis a los unicornios y les pedís que hagan realidad ese deseo.
7. Todo el mundo se centra en el deseo e imagina que ya se ha concedido.
8. Compartid vuestras impresiones.
9. Luego, los demás participantes cumplen su turno.

EJERCICIO: Crear un pozo de deseos de unicornio

1. Decora un plato o un cuenco con flores para representar el pozo de tus deseos. Por supuesto, puedes utilizar tu imaginación.
2. Puede que quieras poner de fondo música de unicornio, por ejemplo, la música de Andrew Brel, *Angel and Unicorns*.
3. Escribe tu deseo en una hoja de papel.
4. Con integridad, puedes escribir un deseo para otra persona.
5. Cogeos de la mano, si sois varias personas, y decid: «Amados unicornios, os pedimos que saquéis estos deseos de nuestros corazones y los hagáis realidad. Gracias».

CAPÍTULO 13

EL REINO DE LOS UNICORNIOS

Los caballos provienen de Lakumay, que es una estrella ascendida cerca de la constelación de Sirio y está más allá de la frecuencia que podemos ver.

En los planos superiores alrededor de Lakumay se encuentra el reino de los unicornios. Imagina un lugar luminoso, bello y armonioso. Allí, en suaves prados de color azul verdoso, ricos en flores y resplandecientes de color, a los alegres unicornios les encanta galopar y divertirse. Incluso los árboles irradian luz y los caballos ascendidos se encuentran paseando entre ellos, disfrutando de la belleza de la naturaleza. Aquí, mariposas del tamaño de pequeños pájaros revolotean de flor en flor o extienden sus alas y disfrutan de la atmósfera.

Otras criaturas cuyo planeta de origen es Sirio visitan este maravilloso plano. Los pájaros provienen de Sirio y algunos visitan Lakumay para obtener crecimiento espiritual y enseñanzas. No tienen los mismos colores que en la Tierra. Los pequeños gorriones pardos y grisáceos adquieren un color naranja alegre, y bandadas de ellos gorjean felices juntos o se atreven a volar alrededor de los magníficos unicornios. Los reyezuelos tímidos y modestos son de color rosa pálido. Los pavos reales visten azules regios. Entre ellos se encuentran pájaros blancos puros, solos o en pequeños grupos, que han dominado sus lecciones y han ascendido a una frecuencia más alta.

Los delfines también provienen de Sirio. Cuando se encarnan, llevan a la Tierra la sabiduría de todos los tiempos. Sus mentes son como enormes ordenadores avanzados, por lo que mantienen la historia de todo lo que ha sucedido aquí. Doce especies de delfines contienen cada una un segmento de información y conocimiento, por lo que es una tragedia y un desastre cuando los humanos diezman una variedad. Ellos transmiten telepáticamente información seleccionada a las personas que están listas para entenderla y ésta es una de las maneras en la que nuestra herencia divina regresa a nosotros. Los delfines y los unicornios tienen una relación muy estrecha, no sólo porque proceden del mismo planeta, sino también porque pueden comunicarse e intercambiar información.

Asimismo, pueden interactuar jugando. Ningún ser está demasiado evolucionado para disfrutar de la pura diversión.

Todos los peces se originan en Sirio y llegan a experimentar la vida en las aguas de la Tierra. Se encargan de mantener limpios los océanos, pero algunas especies protegen a los ángeles delfines que poseen la profunda sabiduría y el conocimiento de la Atlántida. Otros tienen diferentes tareas, ecológicas y sociales. Algunos, simplemente, están aquí para disfrutar y aprender. Todos ellos se comunican y aprenden de sus hermanos mayores, los unicornios en los planos interiores, tal como tenemos el privilegio de hacer nosotros.

Música

En el reino de los unicornios se puede escuchar el canto de los serafines, la música de las esferas, la hierba que crece y el canto de los pájaros. Es como en la Tierra, pero a una frecuencia más alta. Para un humano, puede resultar silencioso, ya que nuestro oído no está en sintonía con tal vibración.

¿Los unicornios mantienen su forma de caballo cuando están en su propio reino?

Como seres de la séptima dimensión, pueden asumir cualquier forma y lo hacen cuando es necesario. Sin embargo, no elegirían una forma humana, aunque un ángel puede hacerlo.

Aman y respetan la forma que la Fuente creó para ellos. Les proporciona equilibrio y una fuerza enorme. Un humano puede envidiar y admirar a un caballo que galopa con la crin y la cola al viento. En su propio reino en los planos interiores, los unicornios pueden correr de la misma manera y disfrutar de su esencia de libertad.

Su reino es magnífico. Con nuestra visión limitada, podemos percibir que es de un blanco puro, pero los ellos pueden ver todos los tonos del arcoíris dentro del blanco y muchos más de los que pensamos. Tenemos la bendición de que hayan venido una vez más a la Tierra para ayudarnos. Al mismo tiempo, podemos reconocer que nos hemos ganado el derecho a su asistencia. Bajo la Ley espiritual de la Atracción, miles de personas han irradiado suficiente luz para atraer a los unicornios a este planeta nuevamente.

Las siguientes son sólo algunas de las formas en que las personas han estado elevando la energía del planeta. Los monjes y las monjas que cantan palabras sagradas envían una gran luz al Universo. Un ermitaño centrado en la oración puede mitigar grandes nubes de karma. Las personas que se sientan en meditación, los coros que cantan himnos y las personas que leen libros espirituales, todos emiten luz, que se suma a la reserva colectiva de la energía superior.

Por supuesto, todo el mundo puede contribuir a la luz. Cada pensamiento que envías es repelente o magnético para las criaturas de luz. Si vives en una jungla de asfalto, bebes en exceso, maldices, chismorreas, insultas a los demás y eres codicioso o egoísta, tu aura repelerá a estos puros seres de luz.

EJERCICIO: Acercarse al reino de los unicornios

1. Debes desarrollar cualidades de amor, paz, dignidad, esperanza, alegría e integridad. Éstas le dan a tu aura un brillo puro y claro, que es magnético para las personas y los unicornios. Puedes hacerlo tomando decisiones conscientes para cambiar tu actitud.
2. Ayuda a otras personas con un genuino deseo de servir.
3. Pide encontrarte con unicornios en tus sueños. Explico cómo se puede hacer esto en el capítulo «Trabajar con sueños de unicornios».

4. Piensa en ellos, lee sobre ellos, habla sobre ellos, dibújalos; en otras palabras, centra tu atención en los unicornios.
5. Tómate un momento de tranquilidad todos los días para pedir sus bendiciones y su guía.
6. Imagínate con ellos. Visualízate caminando con ellos o montándolos.
7. Camina por la naturaleza o tan sólo disfruta del aire libre.

De visita en el reino de los unicornios

El séptimo cielo contiene el reino angelical y el de los unicornios. Cuando tu luz sea lo suficientemente brillante, puedes visitar cualquiera de los dos durante la meditación o los sueños. Si estás leyendo este libro, asume que estás listo y los portales de este reino se abrirán para ti. Debes preguntar, por supuesto, y la mayoría de la gente lo hace inconscientemente.

Tus pensamientos son invitaciones a todo lo que llega a tu vida. Si un unicornio te lleva a su reino, es posible que te sorprendas al ver a otros invitados que encuentres allí, donde han sido despojados de su personalidad y de su ego. Nunca podremos juzgar a los demás porque aquellos que consideramos indignos pueden ser muy diferentes en el plano del alma.

Ese hombre gruñón y desagradable que nunca te ha gustado puede tener una chispa de oro puro en su alma y es posible que lo veas en el reino de los unicornios con un aura rosa y púrpura, una sonrisa radiante y unos ojos llenos de amor.

Por supuesto, hay algunas personas con las que nunca te encontrarás en el reino de los unicornios porque la energía de su alma no es lo suficientemente alta como para alcanzar esta esfera.

Camina por el reino de los unicornios

Una noche, una amiga me visitó porque quería trabajar con la visión de su futuro. Lo pasamos bien y obtuvimos claridad sobre sus objetivos.

Cuando la Madre María me pidió que escribiera este libro sobre los unicornios, protesté porque no tenía suficiente información. Me dijo que me reservara una semana para vivir con ellos. No estaba muy segura de cómo se suponía que iba a encajar aquello en mi apretada agenda, pero decidí hacer lo que pudiera.

A la mañana siguiente, salí a caminar. Cuando me dirigía hacia el bosque más próximo a mi casa, dejé que los unicornios me guiaran en lugar de recorrer mi camino habitual. Me hicieron desviar del camino hasta que llegué a un claro, donde había una loma de cinco árboles al otro lado. Conocía a alguien a quien el arcángel Miguel se le había aparecido en ese lugar, así que de vez en cuando me acercaba allí para absorber la energía. Lamentablemente, cuando empezaron a talar el bosque, para nuestra gran sorpresa, uno de aquellos cinco árboles fue talado. Sin embargo, todavía permanece allí en su forma etérica y, a veces, me acerco para bendecirlo y, al mismo tiempo, recibir sus bendiciones.

Los unicornios me insinuaron que debía ser consciente de mis pies en la tierra, así como de los árboles y de todo lo que me rodeaba. Al mismo tiempo, iba a llevar parte de mi conciencia al reino de los unicornios. Lo que sucedió fue extraordinario y hermoso. Una maravillosa sensación de paz se apoderó de mí cuando sentí los unicornios a mi alrededor.

Los pájaros se convirtieron en esferas de hermosa luz y color. Un simpático petirrojo resplandecía de color turquesa. Para mi sorpresa, los mirlos brillaban en blanco. Les pregunté:

—¿Aquí todos los mirlos son blancos?

La respuesta fue:

—¡No!

Y entonces me mostraron algunos que irradiaban un suave tono lila.

Al cabo de un momento, los unicornios me insinuaron que debía mirar hacia los árboles de la Tierra. Uno de ellos dijo:

—Vosotros los humanos veis sus auras como una banda de luz blanca brillante a su alrededor. Vemos rayos dorados que llegan hasta los cielos mientras transmiten su sabiduría a lo etérico. Recuerda que los árboles son los guardianes de la sabiduría de la Tierra. Honradlos. Muchos de ellos son seres venerables. Tienen una comprensión mucho más evolucionada que los humanos. Viven experiencias diferentes a las vuestras. Son testigos, absorben y aprenden. Sienten energías. Albergan y protegen. A veces, una persona puede incluso volverse invisible cuando está bajo la protección de un árbol elemental muy sabio.

«¡Así es!», pensé.

Aquel día en el bosque había magia mientras caminaba en un estado dichoso de conciencia contemplativa, abarcando las dimensiones. Me di cuenta de que cada vez me rodeaban más pájaros. Un pinzón saltó delante de mí; los gorriones se lanzaban aquí y allá; un petirrojo, un tordo y varias palomas torcaces se acercaron como para saludarme. Sentí que estaban reconociendo la energía del reino de los unicornios.

Luego llegué al final del sendero del bosque y la maravilla se acabó.

EJERCICIO: Entonces, ¿cómo puedes dar un paseo de unicornio?

Primero, asegúrate de estar en un lugar que les resulte agradable a los unicornios. Sería muy difícil para ellos llegar a ti en medio de una jungla de asfalto. No es imposible, pero sí más difícil. Trata de encontrar un lugar verde, bosques, prados o incluso un parque.

1. Mantente conectado a la tierra, siendo consciente de que la tierra se halla bajo tus pies y todo lo que te rodea en tu realidad física tridimensional.
2. Siente algo tangible. Puede ser un abeto, la corteza de un árbol, una piedra o una brizna de hierba.
3. Observa los olores y perfumes que te rodean.
4. Luego, toma conciencia de tu respiración y déjala que fluya de manera natural.
5. Lleva tu conciencia al reino de los unicornios. Puedes hacerlo imaginando que eres muy alto y hay unicornios moviéndose a tu alrededor en los niveles más elevados. O bien proyecta tu mente a la tierra de los caballos ascendidos y siente lo que está sucediendo allí. Habla con ellos, escúchalos y disfruta de lo que estás viviendo.

6. Cuando termines la caminata, asegúrate de haber regresado a tu cuerpo físico. Puedes hacerlo caminando muy conscientemente o tocando algo.
7. ¡Haz esta caminata sólo por donde te sientas seguro y nunca por donde haya tráfico! Sobre todo, disfrútala.

CAPÍTULO 14

LAS BENDICIONES DE UNICORNIO

Cuando traes energía divina a través de tu corazón y se la ofreces a alguien o algo, los bendices. Los bendices ofreciéndoles algo que les falta o creen que les falta. Si se abren para recibir tu bendición, por un instante, puedes llevarlos a la plenitud divina.

Si alguien siente que le falta dinero, bendícelo con prosperidad. Si su relación se derrumba, bendícelo con amor perfecto. Si está triste, solo, enojado o se siente fracasado, bendícelo con felicidad, amistad, paz y éxito. Hay abundancia divina de todas estas cualidades.

Recuerda que todo lo que envías vuelve a ti, enriqueciéndote sin medida.

Al pedirles a los unicornios
que bendigan a través de ti,
el receptor también recibe su energía
y luz inefables.

Recibir bendiciones de unicornio

Las bendiciones de los unicornios son profundas y poderosas. Cuando las recibes, tu cuerpo a menudo siente un hormigueo en el momento en el que la energía pura llega a ti. Puedes invocar una directamente o alguien puede enviarte una. De cualquier manera, cuanto más receptivo seas, mejor. Si no sabes que alguien te está enviando una bendición de unicornio y no estás preparado, los seres de luz se asegurarán de que su energía fluya hacia ti con mucha suavidad. ¡La recibirás!

Bendiciones de ángeles y de unicornios

Puedes pedir tanto a los unicornios como a los ángeles que bendigan a través de ti a las personas, los lugares y las situaciones. Si quieres llamar a los ángeles, levanta las manos, pídeles a los ángeles que te las toquen y, mientras lo hacen, imagina que se vuelven doradas. Luego, desde tus manos doradas puedes enviar bendiciones angelicales o curaciones a quien sea que las necesite. Por supuesto, también puedes enviar mentalmente una bendición de ángel.

Enviar bendiciones de unicornio

Si estás trabajando con los unicornios, levanta las manos y pídeles que te las toquen. Siente cómo brillan con luz blanca pura. Incluso puedes sentir un hormigueo o ver estrellas blancas plateadas brillando en tus dedos. También, puedes enviar mentalmente bendiciones de unicornio a quienes las necesiten. Asimismo, puedes colocar físicamente tus manos curativas de unicornio sobre alguien, pero primero pide permiso.

Por ejemplo, puedes enviar bendiciones de unicornio a todas las personas con las que entres en contacto durante el día. Si estás en medio de un atasco de tráfico, bendice a todos los conductores con paciencia y paz. Levanta las manos para que las estrellas unicornio y la corriente de energía salgan a tocar a todos los interesados. Si el tráfico es fluido y rápido, envía las bendiciones desde tu tercer ojo y deja que la energía del unicornio influya en todos para que conduzcan con prudencia y seguridad.

Puedes ser una inmensa fuerza para el bien al trabajar con estos extraordinarios seres de luz. Los siguientes párrafos pueden ayudarte a diferenciar cuándo enviar bendiciones de ángeles y cuándo de unicornios. A veces, los ángeles o los unicornios acompañarán la bendición y estarán allí para ayudar.

Bendiciones de unicornio

Los seres de luz como los unicornios sólo ven altas cualidades, como el amor, la honestidad, la serenidad y la alegría. Simplemente no reconocen que existe algo inferior, por lo que deben apartarse de la negatividad.

Así pues, resaltan características como la pureza, la verdad y el coraje. Sus bendiciones intensifican la bondad que está disponible en todos los seres de la Tierra.

Nadie debería sentirse inútil,
porque incluso si está desempleado,
confinado en su casa,
discapacitado o enfermo,
puede unir su bendición al grupo
de bendiciones del mundo.
Bendecir con energía de unicornio
puede transformarte en una luz pura.

Recuerda que, cuando invocas una bendición, estás invocando la energía divina del unicornio para que toque a la persona, la situación o el lugar. Una bendición es tan poderosa como su intención y puede curar sentimientos y situaciones.

Instituciones educativas

Si apruebas los exámenes en una escuela o en una universidad, bendice a los profesores por su dedicación, su integridad y su capacidad para iluminar los corazones y las mentes de sus alumnos. Bendice, también, a los alumnos por su interés y por su capacidad para aprender, concentrarse y hacerlo lo mejor que pueden. Imagínate el edificio inundado de luz blanca y todas las personas que se hallan dentro caminando erguidas con ojos brillantes y expresiones felices.

Comida
Mientras preparas la comida, bendícela. Dales las gracias a las verduras al cortarlas. Si cascas un huevo, piensa en la gallina que lo ha puesto y envíale una bendición.

Antes de comer, posa las manos sobre la comida y pídeles a los unicornios una bendición. La enviarán a través de tu corazón y se transmitirá a través de tus manos. También puedes pedir a los ángeles y a los unicornios que bendigan tu comida juntos. Entonces, tus alimentos recibirán energías de unicornio y angelicales que iluminarán las células de tu cuerpo.

Agua
Un día, estaba hablando con Marjut en Finlandia, quien me explicó que los unicornios le habían comunicado que estaban muy felices de bendecir nuestra agua antes de que nos la bebiéramos. Desde entonces, levanto mi taza o vaso y les pido que bendigan el contenido. Puedo imaginarme a uno de ellos arrojándole estrellas desde su cuerno y estoy segura de que el agua tiene un sabor más suave y dulce. Además, sé que la energía sutil del líquido es mucho mayor que antes.

Recuerda bendecir la lluvia en su limpieza, curación y nutrición. Cuando paso por los charcos, extiendo las manos y les pido a los unicornios que envíen sus bendiciones al agua a través de ellas.

Personas

Si invocas a los unicornios para que bendigan a una persona, puedes estar seguro de que una de las criaturas luminosas se acercará a ella y la tocará suavemente con su cuerno de luz. Cuando invocas una bendición para varias personas juntas, los unicornios se reúnen sobre ellas y las bañan con símbolos de esperanza y amor.

Políticos y empresarios
Bendice a los políticos y a los empresarios en su honor, integridad, sabiduría y capacidad para tomar decisiones que nos beneficiarán y nos empoderarán a todos.

Medios de comunicación

Televisión y radio

Cuando mires la televisión o escuches la radio, llama a la energía del unicornio y siéntela fluyendo a través de ti. Luego, bendice los programas y a las personas que participan en ellos.

Bendice el potencial, no la realidad tal como la ves. Esto significa que puedes bendecir los programas menores y de baja frecuencia en su difusión de amor, amabilidad, gentileza, sabiduría, empatía y justicia. Tu bendición permitirá que los hilos más pequeños de estas cualidades crezcan y se desarrollen.

Periódicos y revistas

En una ocasión, pregunté si los unicornios podrían ayudar a iluminar los periódicos y las revistas que parecen centrarse exclusivamente en el lado negativo de la vida. Los unicornios coincidieron en que la mayoría de los medios de comunicación dedicaban su atención a la oscuridad. Agregaron que esto era, actualmente, parte del plan divino porque todos los secretos y rincones ocultos deben ser revelados. El momento para eso es ahora. El sesgo y la propaganda buscan oscurecer la verdad. Es la reacción de las fuerzas oscuras al sondeo de la luz. También esto pasará.

Los medios, sin embargo, están descompensados: contienen demasiada depresión y poca inspiración.

Qué puedes hacer para ayudar

Primero pide a los unicornios que se comuniquen con los editores, productores de programas y personas de influencia en los medios. Indícales que susurren al oído de aquellos que estén dispuestos a escuchar sugerencias de inspiración, que elogien en las noticias el valor, el servicio y la felicidad. Si haces esto con regularidad, te convertirás en un vínculo espiritual entre los medios de comunicación y los unicornios.

A través del puente de luz arcoíris que creas, algunas de esas personas influyentes escucharán y responderán. Puedes pedirles a los unicornios que trabajen con editores de periódicos, programas y revistas que estén listos para presentar lo positivo, lo esperanzador y lo bueno. Entonces, los unicornios los fortalecerán para defender la integridad, la justicia y la luz.

También hay revistas y periódicos dedicados a los aspectos positivos del mundo: en el Reino Unido, por ejemplo, hay una revista llamada *Positive News*. Cygnus Books envía una revista trimestral llena de inspiración e información espiritual, *Cygnus Review*. Pide a los unicornios que bendigan y alienten a los editores que difunden estas buenas nuevas.

Niños y adolescentes

Bendice a todos los niños y a los adolescentes con inocencia, felicidad y entusiasmo por la vida. Hazlo especialmente para aquellos que se han perdido.

Padres

Bendice a las madres con amor, cariño, paciencia y la alegría de ser madre. Bendice a los padres con amor, justicia y habilidades paternales.

Animales

Bendice a los animales con amor, paz y una alegre aceptación de la vida. Quizá desees bendecir a algunos de ellos con la capacidad de perdonar o de tener valor.

Naturaleza

Bendice a los árboles en su sabiduría, fuerza y poderes curativos.

Individuos de conciencia inferior

Bendice a los ladrones, a los tramposos o a los mentirosos en la abundancia y honestidad que aún permanece en su interior. Bendice a los matones violentos y a los terroristas con paz, autoestima, confianza y serenidad. Bendice a las personas que fingen y engañan con un sentido de valía y un sentimiento de pertenencia.

Ordenadores y tecnología

Bendice todos los bienes tecnológicos modernos que utilizas, para que no se conviertan en males tecnológicos. Recuerda, los chips de cristal tienen una conciencia que responde a tus pensamientos y actitudes. Envíales amor y bendiciones a todos ellos. Lleva la pureza y la luz de los unicornios hasta ellos y te recompensarán con una vida más larga y un uso sin problemas.

Lugares y situaciones

Bendice todos los lugares y situaciones en su divina perfección y con todas las cualidades que desees otorgarles. Si bendices a un país con paz, la energía de la paz será guiada divinamente hacia donde se necesita en ese país. Bendice la esencia divina escondida en todas las cosas y personas. Y recuerda dar las gracias a los unicornios por bendecir a otros a través de ti.

Todas las bendiciones ayudan de una manera u otra.
Es posible que sólo recibas
agradecimientos o comentarios de algunas personas,
pero debes saber que, así, contribuyes
a la acumulación de bondades en el mundo.

EJERCICIO: Una caminata de bendición

Esto es algo muy sencillo de hacer siempre que salgas a caminar. Debes estar muy alerta para ver y bendecir todas las cosas y criaturas con las que te encuentras a lo largo del camino. Puedes hacerlo mentalmente o extendiendo las manos y dirigiendo las bendiciones de unicornio hacia los elementos en los que te estás enfocando.

1. Da las gracias a los unicornios por proteger y bendecir la casa u otro lugar en el que estés.
2. Pídeles que te acompañen y bendigan tu caminata.
3. Pídeles que bendigan el clima, ya sea lluvia, nieve, sol o viento.
4. Bendice los árboles, las flores, la hierba y cualquier cosa que crezca.
5. Bendice a las personas y animales con los que te cruces.

6. Bendice a los insectos que veas e incluso a los que permanecen ocultos a tus ojos.
7. Bendice la tierra bajo tus pies.
8. Bendice los guijarros y las piedras.
9. Bendice cualquier coche, tren o avión que veas o escuches.
10. Observa cómo te sientes cuando termines.

Si lo deseas, puedes realizar una bendición de unicornio mientras vas en coche, haces las tareas domésticas o de jardinería o bien realizas cualquier otra labor que te permita dejar una parte de tu mente libre para hacerlo.

Cada vez que bendigas a alguien o algo, agregarás luz a todo lo que te rodea y aumentará tu propio cociente de luz.

CAPÍTULO 15

LAS RELACIONES SANADORAS

Puedes pedirle a tu ángel que hable con el ángel de otra persona para ayudarla a resolver cualquier malentendido y conflicto. Con su intervención ayudarán a ambas partes por igual.

La energía del unicornio es diferente. Debes estar dispuesto a dejar de lado las afirmaciones de tu ego, de tener «razón» o de querer aferrarte al dolor o a la ira. Así pues, si tienes un deseo sincero de obtener el mejor resultado en una relación, tu unicornio te ayudará.

Oración de rendición

Comienza con una oración para ayudarte a soltar los apegos de tu ego dentro de la relación.

¿Qué te impide ver lo divino en la otra persona? ¿Es tu deseo tener razón o ser tratado como alguien importante? ¿Te aferras tenazmente a sentirte herido, enojado, envidioso y, de ser así, por qué? ¿Te hace sentir superior o inferior? ¿Justifica tu comportamiento? ¿Estás preparado para dejar de lado tu apego a la envidia, a los celos o para ser amado, tener éxito, sentirte agraviado o infeliz?

Es posible que debas realizar una lista completa de cosas. Recuerda que has atraído a este individuo, grupo o situación hacia tus patrones. A nivel del alma, has decidido aprender esta lección, por lo que ellos son tus maestros.

Oración

«Ahora estoy dispuesto a dejar ir mi apego a .... Me rindo. Te reconozco, ... [nombre], como mi gran maestro. Somos uno. Hago una llamada a los unicornios para que abran mi corazón y mi mente hacia ti para lograr la armonía entre nosotros. Que así se haga. Qué así sea».

Arcoíris curativo de unicornio

Ésta es una visualización para llevar un arcoíris curativo desde tu corazón al de otra persona. Por supuesto, la otra persona tiene libre albedrío y ni tú ni tu unicornio podéis hacer que os abra su corazón. Es posible que tenga otros planes, lo que puede resultar en que rechace tu oferta. Sin embargo, si te has rendido genuinamente, la otra persona sentirá el cambio en tu energía y, generalmente, abrirá su corazón para recibir el otro extremo del arcoíris. Entonces, puedes permitir que la paz, el amor, la abundancia o lo que sea necesario fluya entre vosotros.

Del mismo modo en que ocurre con cualquier ejercicio, como el del arcoíris de curación que expongo a continuación, es posible que debas realizar la visualización varias veces antes de notar una diferencia en vuestra relación. Es probable que algún día sientas que te gustaría llamarla por teléfono o escribirle. O puedes estar contento de que la situación entre vosotros se haya resuelto y sentirte feliz de no acercarte a la otra persona.

Cuando los unicornios me dieron la visualización curativa del arcoíris, inmediatamente pensé en una amiga con la que no estaba de acuerdo. Por aquel entonces, no nos llevábamos muy bien. Me senté y les pedí a los unicornios que tocaran mi corazón y me ayudaran a eliminar toda la negatividad de la relación. Curiosamente, me encontré con esa misma amiga un par de días después y de inmediato se acercó a mí y me pidió un abrazo. ¡Los unicornios nos habían ayudado de nuevo!

Recuerda que puedes hacerlo incluso si la otra persona ha fallecido. A veces, esto es mucho más fácil que cuando permanece en un cuerpo , y estará preparada para abrirte su corazón desde la perspectiva superior que tiene del otro lado.

EJERCICIO: Visualización del arcoíris curativo

1. Siéntate en silencio donde no te molesten.
2. Respira cómodamente dentro y fuera del centro de tu corazón hasta que te sientas relajado.
3. Pídele a tu unicornio que toque tu corazón con su cuerno. Confía en que esto sucede o visualiza que está sucediendo.
4. Imagina que tu corazón es una rosa y sientes que los pétalos se abren de par en par.
5. Imagínate a la otra persona sentada a cierta distancia de ti.
6. Imagina que tu unicornio lleva un arcoíris de tu corazón al de la otra persona.
7. Envía amor y cualquier otra cualidad que te sientas inspirado a otorgar a través del arcoíris.
8. Cuando te sientas preparado, puedes enviar un mensaje de tu corazón al de ellos.
9. Después de un rato, siente cómo se encuentra tu corazón.
10. Es posible que hayas recibido impresiones o, incluso, un mensaje de la otra persona.
11. Da las gracias a la otra persona y a su unicornio. Luego, ponte una capa de arcoíris sobre tu aura y abre los ojos.

Sanación entre los agresores y las víctimas

Los agresores y las víctimas tienen el mismo miedo. Lo que ocurre es lo expresan de manera diferente. El acosador quiere ser amado y respetado, pero no cree que se lo merezca, por lo que pone todo su empeño en sentirse mejor o más importante.

La víctima quiere ser amada y respetada, pero teme mostrarse indefensa y no ser lo suficientemente buena. Su miedo atrae a un acosador. Éste necesita renunciar a la sensación de que es impotente para obtener el amor y el respeto que anhela y estar preparado para reconocer su propio valor.

La víctima debe renunciar al miedo y a la falta de valor y estar preparada para asumir su poder al reclamar su coraje y respeto por sí misma. Las situaciones de agresor-víctima a veces surgen entre marido y mujer, hermanos, jefes y sus trabajadores, colegas o empresas. Ocurre donde hay miedo. No importa si el acosador o la víctima están preparados para ser el primero en ceder y hacer las paces. Si te encuentras en una situación de este tipo, realiza el arcoíris de curación de unicornio y éste te ayudará. Y si observas la danza acosador-víctima que se lleva a cabo entre dos personas que conoces, convoca a los unicornios, abre tu corazón y crea un arcoíris sanador desde tu corazón hacia los de ellos.

Sanación entre países, organizaciones y religiones

Hay innumerables ejemplos de países que intimidan a otros más débiles. La mayoría de las naciones ricas han construido su riqueza y su poder abusando económica o políticamente de las personas más pobres. Donde hay terrorismo, siempre hay un sentimiento de impotencia e injusticia. Cuando tú, como individuo o, mejor aún, cuando dos o más personas se reúnen y concentran esta oración y visualización del arcoíris de sanación entre dos países u organizaciones, los unicornios apoyan con gusto esta oferta de servicio.

La discordia también surge entre empresas, religiones o incluso culturas. Los unicornios trabajarán contigo para ayudarte a sanar cismas. Así pues, ¿cómo visualizar países, religiones u otras organizaciones? Puedes imaginarte un mapa con los países o lugares marcados en él. También puedes imaginarte a los líderes o un símbolo como la Biblia, el Corán o una cruz, una estrella de seis puntas, una esvástica, una bandera, un logotipo comercial o algo que se asocie a los involucrados.

Incluso puedes dibujarlo antes de comenzar la curación para darle más énfasis a la visualización. Reconoce que eres parte de la unidad y que, al enviar sanación a otro, estás sanando parte de tu propia alma. No podemos separar de nosotros mismos lo que está sucediendo en otras zonas del mundo.

EJERCICIO: Oración para sanar el conflicto entre otros

«Reconozco que todos somos uno y estoy dispuesto a entregar mis conflictos, tanto internos como externos, mi deseo de control, los apegos y juicios de mi ego, para que mi cambio de conciencia se convierta en nuestro cambio. Hago una llamada a los unicornios para que abran mi corazón y mi mente hacia vosotros con el fin de que alcancéis la armonía. Que así se haga. Que así sea».

EJERCICIO: Visualización de un arcoíris curativo entre países, empresas u organizaciones

1. Siéntate en silencio donde no te molesten.
2. Respira cómodamente dentro y fuera del centro de tu corazón hasta que te sientas relajado.
3. Pídele a tu unicornio que toque tu corazón con su cuerno. Confía en que esto sucederá o visualiza que está sucediendo ya.
4. Siente los pétalos de tu corazón abriéndose de par en par.
5. Imagínate un símbolo o una persona de cada uno de los países, empresas, organizaciones o culturas implicadas.
6. Imagina que tu unicornio lleva un arcoíris desde tu corazón a cada uno de ellos y luego de regreso a ti, de modo que la energía de tu corazón los vincule.
7. Envía amor y cualquier otra cualidad que te sientas inspirado a otorgar a través del arcoíris.
8. Cuando te sientas preparado, puedes enviar un mensaje de amor, paz o aliento desde tu corazón. No es necesario que conozcas a los destinatarios.
9. Al cabo de un rato, siente cómo se encuentra tu corazón.
10. Es posible que hayas recibido impresiones o, incluso, un mensaje del lugar o de las personas involucradas.
11. Da las gracias a todos por ser receptivos, y a tu unicornio. Luego, ponte una capa de arcoíris sobre tu aura y abre los ojos.

CAPÍTULO 16

SOÑAR CON UNICORNIOS

Cuando sueñas con unicornios, te encuentras con ellos en los planos interiores. Eso significa que ya están trabajando contigo.

En una ocasión, charlaba con una mujer que conocí en una fiesta y me dijo que no sabía nada de unicornios y que nunca había pensado en ellos. Un día estaba en un taller de sanación donde el grupo fue llevado a una meditación y ella cayó en un estado de trance muy profundo. Se le apareció un unicornio, tan vívido y real que todavía puede recordar los sentimientos que se despertaron en su interior. No le dio un mensaje; tan sólo la miró con amor y ella salió de la meditación sintiéndose muy tranquila pero emocionada. Quería saber qué significaba el sueño. Como la mujer había estado hablando de convertirse en sanadora, y los unicornios son grandes sanadores que trabajan a nivel del alma, lo que afecta poderosamente a lo físico, le sugerí que podría alentarla a desarrollar sus habilidades curativas. Estaba segura de que le estaban pidiendo que trabajara con energía de unicornio. Ella sintió que aquello era lo adecuado.

Marjo-Kaisu ama a los unicornios. Una noche soñó que caminaba por un pasillo cuando se le acercó un unicornio. Lo reconoció como alguien que la había visitado anteriormente y estaba segura de que su amigo unicornio la saludaría físicamente levantándose sobre sus patas traseras para abrazarla, por lo que esperaba que esto sucediera. En cambio, de repente, se levantó una barrera entre ellos. Cuando se despertó, se dio cuenta de que el unicornio había acudido a darle el mensaje de que se estaba reprimiendo en relación a un tema en particular y que era el momento de dejarlo ir y seguir adelante.

El hecho de que Marjo-Kaisu reconociera el mensaje y que pudiera actuar es una señal de su progreso espiritual.

Un unicornio en blanco y negro

Ahora te explicaré un sueño de unicornio que Eeva experimentó justo cuando se estaba quedando dormida, esos momentos en que el velo entre los mundos es tan sutil. Eeva vio la cabeza en blanco y negro de un unicornio. La visión duró algún tiempo y, a pesar de su asombro, trató de examinarla de cerca para distinguir todos los detalles. Se sintió tan a gusto que experimentó un gran sentimiento de alegría.

Me interesó el hecho de que un unicornio se le presentara en blanco y negro. Por lo general, el blanco y negro es una señal para no llevar las cosas al extremo o para no ser demasiado intransigente al defender nuestros puntos de vista. También puede ser un recordatorio de que una pregunta tiene dos caras.

Sin embargo, el negro también significa lo profundamente misterioso. La Virgen negra denota la profundidad de la sabiduría esotérica femenina. Es el color yin definitivo. Por eso me pregunto si el unicornio en blanco y negro le estaba diciendo a Eeva que debía usar su luz pura y, al mismo tiempo, reconocer la profundidad de su sabiduría femenina.

¡Otra dama, llamada Elena, me explicó que se había despertado una mañana después de tener un sueño en el que un unicornio corría sobre una exuberante hierba verde aterciopelada! Había agua limpia y clara cerca, y el unicornio parecía tener un brillo dorado que delineaba su cabeza y sus crines. En el sueño, se apresuró a contárselo a su hermana, para que ella también pudiera verlo. Quería compartir la increíble experiencia con ella.

Los sueños, las ensoñaciones o las meditaciones son estados de trance en los que es posible deslizarse hacia otras dimensiones para acceder a mundos diferentes. Marion había estado tan ocupada durante unos días, que, cuando se tomó unos momentos de descanso, empezó a soñar despierta. Se vio a sí misma como una princesa caminando por un sendero hacia un maravilloso castillo que brillaba como algo salido de una película de Disney. Mientras se acercaba al castillo, dos unicornios acudieron a saludarla. Cuando se «despertó» de la ensoñación pensó para sí misma: «Ahora, Marion, ¿de verdad te estás dejando ayudar por los unicornios? ¡Seguro!».

Más tarde se dio cuenta de que con su escepticismo había negado a los unicornios, pues esa noche tuvo un sueño muy claro en el que venía a mi casa y yo la envolvía con mi chal azul oscuro para mantenerla a salvo mientras desafiaba una fuerza oscura que la amenazaba. Se despertó cuando le quité la capa protectora.

Esa misma noche atrajo a alguien tan enojado que atravesó su aura, lo que la molestó tanto que tardó dos semanas en recuperarse. Luego leyó uno de mis boletines en el que hablaba de unicornios. Inmediatamente, se dio cuenta de que primero los había llamado, luego los había rechazado y, por ese motivo, había perdido su protección. Se sentó de inmediato para volver a llamarlos para curar el dolor que ella misma se había causado.

También es maravilloso el hecho de que Marion tenga tantas percepciones y sea capaz de manejar su vida como Maestra.

La gente a veces ve unicornios en plena meditación. Mi amiga Anna me dijo que había participado en un retiro de meditación en silencio de un día.

Al principio, no pudo acallar el parloteo de su mente y, cuanto más lo intentaba, peor se ponía el barullo. Por fin, pidió ayuda. Y entonces apareció un hermoso unicornio blanco. Ella se subió a su grupa, se apretó fuertemente contra su cuello y él la llevó a una cascada, la posó en una orilla cubierta de hierba y se sentó a su lado, como un compañero. Le dio las gracias e inmediatamente se sintió en un estado mental de tranquilidad, paz e incluso dicha.

Al final de la sesión de meditación, Anna pensó: «Si hoy tan sólo se me pudiera manifestar un unicornio de alguna manera…». Durante la pausa del almuerzo, se fue al rincón más alejado de unos hermosos jardines y eligió un lugar soleado. Mientras se comía su almuerzo, miró a la derecha y divisó algo blanco entre los arbustos. Se levantó y apartó el follaje, ¡allí había un hermoso unicornio de piedra blanca! Casi lloró de alegría.

La luz del tercer ojo

Somos seres espirituales en un cuerpo físico, por lo que todos tenemos una vida física durante el día y una espiritual mientras dormimos. En los sueños visitamos a amigos que viven lejos o que ya no están en sus cuerpos físicos o bien son de otra galaxia. Si estamos preparados espiritualmente, asistimos a sesiones de enseñanza o curación con los ángeles y los Maestros. Muchas personas ni siquiera se dan cuenta de que están haciendo un trabajo espiritual durante sus sueños, ayudando, guiando y rescatando a otras personas.

Marjo-Kaisu tuvo este recuerdo de un sueño sobre una de esas experiencias. En su sueño, la habían llevado a un viaje para conocer a algunos de sus amigos cósmicos de otros sistemas estelares. No tenían cuerpos de apariencia humana, pero todos eran muy amables y hablaban y se reían mucho. Una energía creadora masculina estaba apartada del grupo. Era muy gentil, con ojos brillantes y la estaba mirando. Sabía que estaba utilizando el poder mental y le intrigó que pareciera tener un cuerno de unicornio que salía de su tercer ojo. Su mensaje le fue transmitido con mucha claridad: quería recordarle que los humanos deben equilibrar la mente y el corazón. Si sólo estamos centrados en el corazón, nos desarraigamos. Si únicamente nos centramos en la cabeza, podemos volvernos egoístas y carecer de compasión. Marjo-Kaisu enfatizó de nuevo que su energía era gentil y amable, pero estaba desconcertada por el cuerno de unicornio.

Le recordé que los rayos de luz del tercer ojo son emanaciones del poder del pensamiento de alta frecuencia. Éstos pueden ser pensamientos de manifestación, curación o iluminación. Toda la energía pura que irradia con suficiente fuerza desde el centro de la frente puede crear un cuerno de luz de la misma manera que las energías radiantes del corazón se ven psíquicamente como alas.

Los unicornios guían el espíritu

Yo solía mantener una página de *chat* en mi sitio *web* y Lydia compartió en ella esta maravillosa historia sobre su abuelo, quien podía ver los mundos espirituales. Dos días antes de que lo mataran en acto de servicio durante la guerra, su abuelo se acercó a su esposa en su cuerpo espiritual y le dijo que todo iría bien, ya que estaría cerca de ella siempre guiándola y consolándola desde el otro lado. Lydia dijo que nunca escuchó a su abuela quejarse a pesar de que se quedó sola con cuatro hijos y otro en camino.

Estaba feliz porque conocía la Verdad. Sus puertas estaban abiertas a los necesitados y compartía su comida. Era maravillosa con los animales y criaba vacas sólo por su leche y gallinas sólo por sus huevos, ya que eran sus amigas.

Cuando llegó el momento en que la anciana murió, la madre de Lydia se despertó durante la noche mientras soñaba con unos caballos blancos muy hermosos, con brillantes estrellas plateadas, trotando por la casa y mirando por las ventanas. Inmediatamente despertó a la familia y se reunieron alrededor de su abuela. Lydia escribió: «Sus ojos comenzaron a brillar como estrellas, luciendo mucho más grandes, con los tonos de azul brillante más maravillosos. Ella sonrió, ya que estaba libre, por fin estaba libre para volar con los unicornios». Y agregó:

—No estuve allí en ese momento tan especial, pero vi algunas fotos de mi abuela tomadas el día antes de su transición. Siempre recordaré la felicidad, la alegría y el amor reflejados en sus ojos.

CAPÍTULO 17

TRABAJANDO CON SUEÑOS DE UNICORNIO

Los números son importantes en los sueños. Así, por ejemplo, si hay dos unicornios en tu sueño, puede significar que te estás equilibrando o que una pareja está entrando en tu vida, ya que es un número romántico relacionado con la intención y la acción de compartir y de estar juntos.

O tal vez hay un unicornio en tu sueño donde parecen sobresalir cinco árboles. Esto sugiere que estás a punto de hacer cambios o correr determinados riesgos, y habrá más energía y recursos entrando en ti.

El significado de los números

1: Nuevos comienzos, ser uno con la vida, unidad, independencia, individualidad. Sugiere que concentres toda tu atención en una visión. Es un número muy positivo a menos que te sientas solo o aislado.

2: Este es el número del equilibrio, el que une lo masculino y lo femenino. Es una energía romántica, artística y sensible que te trae una asociación.

3: Representa la trinidad, que simboliza la fuerza y la unión. Aporta cierta autoridad, que puede ser controladora, pero, con suerte, divertida. También puede sugerir que has alcanzado una cierta cantidad de logros, pero que aún debes lograr más. Sin embargo, con el 3, tienes la fuerza, la autoexpresión y la apertura para alcanzar tu objetivo.

4: Es un número muy estable y sólido, lo que sugiere una buena base para cualquier cosa que desees emprender. A menudo, indica que se necesita autodisciplina.

5: Este número sugiere que es hora de cambiar y posiblemente incluso de un cambio repentino de dirección, lo que puede implicar un riesgo. Sin embargo, tendrás los recursos que necesitas.

6: Éste es un número amistoso y sociable. También puede indicar que necesitas dedicarte a una persona o a una causa.

7: Es un número místico, así que analiza tu sueño desde una perspectiva espiritual. Podría estar a punto de producirse un renacimiento.

8: Tienes el mundo a tus pies. El 8 es el número del infinito y de la eternidad, que a menudo conlleva poder, riqueza y comprensión cósmica.

9: Este número sugiere que puedes haberlo hecho muy bien gracias a tus propios esfuerzos desinteresados. Te felicita.

10: Es el número de la finalización, del final de una era, que puede proporcionarte una sensación de autosatisfacción. Todo está bien.

11: Es el número Maestro que anuncia nuevos comienzos.

Limpiar tu energía

Antes de pedir un sueño de unicornio, limpia tus energías y entrega tu miedo y negatividad. Esto permite que tu luz sea más pura, para que puedan conectarse contigo a un nivel superior. Aquí enumero algunas maneras muy efectivas de hacerlo.

EJERCICIO: Cómo limpiar tu energía

1. Báñate o dúchate. Mientras lo haces, imagina que todos tus miedos están siendo eliminados y fluyen por el desagüe. Canta, porque cantar o gritar en el agua es genial.

2. Afirma que eres un ser de amor y luz. Afirma tu paz, tu sabiduría, tu alegría y otras buenas cualidades.
3. Haz sonar un cuenco tibetano y concéntrate en tu yo divino.
4. Canta o tararea canciones sagradas.
5. Pon un CD de música sacra o de cánticos. El «om» eterno es maravilloso para limpiar.
6. Camina junto al agua o en un lugar de alta energía como la playa, el bosque o la montaña.

Protección

Siempre es sensato proteger tu espíritu cuando te acuestas por la noche, para que puedas aventurarte con seguridad en los otros planos.

Puedes pedirles a los unicornios o al arcángel Gabriel que coloquen una esfera blanca pura de luz reflectante a tu alrededor. Asegúrate de imaginarlo y pensarlo.

Otra forma de protegerte es pedirle al arcángel Miguel que coloque su manto de protección azul profundo a tu alrededor. Cuando sientas que los ángeles lo ponen sobre tus hombros, asegúrate de que la capucha no te tape la cabeza y el tercer ojo. Luego, ciérrala mentalmente desde los pies hasta la barbilla.

Una tercera forma de protección poderosa es invocar tres veces el Rayo Dorado de Cristo. Cuando estás en la luz de Cristo, permaneces bajo su protección.

Pedir un sueño de unicornio

De vez en cuando, durante el día, piensa en los unicornios y adónde te gustaría ir en el tiempo destinado al sueño.

Puedes pedirles que te lleven una noche a un lugar donde aprendas y evoluciones. O también que te ayuden a experimentar una vida pasada o a visitar los retiros de Maestros y arcángeles, o bien el reino de los unicornios.

Por supuesto, puedes sugerirles que te gustaría conocerlos mejor, sobre todo a tu propio unicornio.

Si tienes una visión que ayudará a otros, más allá de ti mismo, puedes pedir orientación general o claridad sobre el próximo paso que debes dar.

Oración

«Amados unicornios, os pido que me llevéis en mis sueños a ...... [lugar], para que pueda liberar el pasado/traer de vuelta la sabiduría/conocer a mi unicornio/recibir orientación y evolucionar y crecer para mi mayor bien, así como el de todos. Amén».

Preparándote para dormir

Pon un bolígrafo y papel al lado de la cama para que puedas escribir tu sueño si te despiertas por la noche. Esto afirma a tu mente inconsciente que estás listo para recordar ese sueño.

Bebe un vaso de agua antes de irte a dormir. El agua es el medio de los sueños. También garantiza que no duermas tan profundamente que no puedas recordar tu sueño.

Finalmente, piensa en los unicornios mientras te duermes.

CAPÍTULO 18

LOS ANIMALES BLANCOS

Los animales blancos puros, que no son albinos, contienen la energía de la conciencia crística del amor incondicional puro. Según la tradición de los nativos americanos, cuando nace un ternero de búfalo blanco, la paz comienza a surgir en la Tierra. Recuerdo el regocijo que sentí cuando nació el primero. Después ha habido varios más.

Asimismo, se están reportando nacimientos de animales blancos no albinos en muchos tipos de especies, lo que indica que se está produciendo un maravilloso cambio de conciencia. Lejos de ser atacados y asesinados por miembros de su propia especie o por los depredadores, estas criaturas blancas sagradas parecen ser consideradas especiales por el reino animal.

Hace poco, mientras leía el periódico, vi una página completa de un pavo real blanco puro que exhibía su magnífica cola. Me llenó de un gozo indescriptible, no sólo porque era abrumadoramente hermoso, sino porque también sabía que todos los que lo veían estaban siendo tocados en algún nivel por la conciencia de Cristo. Además, un pavo real de múltiples colores indica en un plano metafísico una tendencia al ego y al amor glamuroso. Uno blanco, en cambio, demuestra y enseña la transcendencia del ego.

Unos días después, mencioné esto durante la cena con los organizadores de un seminario que había impartido ese mismo día. Una mujer comentó que una noche soñó que una vaca estaba pariendo y, después de un parto muy difícil, nació un ternero de color blanco puro. En el sueño, le dijo a su hermana que en uno de los libros de Diana Cooper se explica que la vaca está dando a luz a la conciencia de Cristo. Se despertó con lágrimas de alegría corriendo por sus mejillas.

Yo le señalé que todos los aspectos de un sueño representan parte de nosotros mismos y que la vaca que vio en su sueño era ella misma, por lo que su parte femenina y amorosa había dado a luz a la conciencia de Cristo. La mujer estaba absolutamente encantada y sintió una profunda sensación de verdad en las palabras que le dirigí.

Otra señora compartió que estaba construyendo un nuevo camino hacia su casa y un día vio una pequeña comadreja, totalmente blanca, corriendo arriba y abajo.

Tu casa simboliza tu conciencia, por lo que construir un nuevo camino hacia ella es muy indicativo de nuevos comienzos. Ver una criatura de color blanco puro en el sendero da a entender que estás bendecido.

Cuando estaba escribiendo *The Web of Light*, que se desarrolla en África, fui a ver los leones blancos y me emocionó su luz. Sabía que todavía eran animales salvajes y feroces hasta un cierto punto, pero podía sentir que tenían un núcleo de pureza y amor. Y, por supuesto, donde hay un animal blanco puro, hay un unicornio con él, ayudándolo a mantener la frecuencia de la conciencia crística mientras está en la Tierra.

Los animales de color blanco puro pueden ayudarte de muchas y diversas maneras.

Una amiga mía, terapeuta y sanadora, un día estaba trabajando con una compañera para ayudar a una clienta que tenía un problema muy serio debido a una entidad unida a ella. La entidad logró entrar debido al abuso sexual que un tío suyo había cometido contra ella cuando era una niña y estaba profundamente arraigada en su ser. Había interferido seriamente durante toda su vida.

Mi amiga hizo su parte, pero la otra sanadora no pudo entrar en la clienta para eliminar el resto. Mientras conducía, vio un ciervo blanco puro e instantáneamente supo que era el momento de completar la liberación. Recurriendo a la energía del ciervo para que la ayudara, puso toda su concentración en sacar de la mujer el resto de la entidad. Funcionó y estaba muy agradecida con el ciervo por haber ido a su encuentro.

EJERCICIO: Visualización para llamar a un animal blanco

1. Busca un lugar donde puedas estar tranquilo y en el que nadie te moleste.
2. Si es posible, limpia el espacio con un cuenco tibetano o música sacra de fondo.
3. Enciende una vela para aumentar la frecuencia.
4. Cierra los ojos y relájate concentrándote en tu respiración.
5. Respira en tu tercer ojo, luego fuera de tu *chakra* del corazón y continúa haciéndolo hasta que te sientas centrado.
6. Visualízate en un lugar hermoso en plena naturaleza, donde la hierba es verde y hay abundancia de flores y árboles.
7. Incluso puedes imaginar cómo metes los dedos en un arroyo y sientes la frescura del agua clara en la piel.
8. Mientras te relajas y te quedas quieto, ves que se acerca un animal blanco. Su corazón arde de amor y paz.
9. ¿Qué animal blanco es?
10. Mientras lo saludas, siente que la conciencia crística te envuelve. Ofrécele tus respetos.
11. Permanece atento al unicornio que acompaña al animal blanco. El unicornio te está saludando con la cabeza, enviándote amor.
12. Su mensaje es amor. Inspíralo en tu corazón.
13. Es posible que identifiques orbes de diferentes colores que brotan del animal blanco y te rodean. Déjalos entrar en tu aura y en tu corazón.
14. Mientras esto sucede, puedes recibir un mensaje de esperanza, amor y aliento. Tan sólo, acéptalo.
15. Permanece envuelto en esa energía amorosa todo el tiempo que necesites. Entonces, notarás que el animal blanco y el unicornio se retiran.
16. Cuando estés preparado, abre los ojos y regresa a la habitación.
17. Necesitarás beber un poco de agua pura ya que habrás recibido energía de alta frecuencia en tus *chakras*.

CAPÍTULO 19

LOS UNICORNIOS Y LOS ANIMALES

Los unicornios aman a todas las personas que trabajan con animales y los honran.

El granjero que se preocupa por sus bueyes, vacas, ovejas o cerdos y los cuida lo mejor que sabe, puede encontrar un unicornio que le ayuda a identificar a una criatura que necesita atención.

La persona de corazón abierto y mente tranquila, que pasea con su perro por un lugar natural y hermoso, puede sorprenderse al saber que un unicornio está cerca, contemplándolos a ambos en silencio.

El veterinario cariñoso y atento que ayuda a sus pacientes enfermos a recuperarse podría sorprenderse al saber que un ángel o un unicornio lo está ayudando a tratarlos y curarlos.

Los unicornios transmiten información por vía telepática, transcendiendo las limitaciones de las palabras humanas. Se comunican con el lenguaje de la luz, que contiene información y conocimiento espiritual. Tanto los ángeles como los unicornios te transfieren luz llena de información esotérica invisible y de sabiduría, del mismo modo que las células de tu cuerpo se comunican entre sí al pasar luz de una a otra.

También se acercan y se comunican con todas las personas de buenas intenciones, que aman y están a cargo de los animales, pero que quizá no comprenden. Intentan inculcarles una mejor manera de trabajar con las criaturas que tienen a su cargo.

Los unicornios provienen de Lakumay, una estrella ascendida que pertenece a la constelación de Sirio.

Los perros, los caballos y las vacas también provienen de Sirio, al igual que los delfines, que son los sumos sacerdotes y sacerdotisas de los océanos y los guardianes de la sabiduría. Sin ser consciente de ello, todos los animales y las personas tienen un vínculo con aquellos cuyas almas se originan en el mismo planeta o sistema estelar que ellos. Naturalmente, los unicornios tienen un vínculo especial con los caballos. Puedes verlos juntos galopando como amigos, con sus crines volando al viento. Quienes aman a los caballos y los cuidan están vinculados a la energía del unicornio.

En una ocasión, me enviaron una foto de un hermoso caballo con un orbe de unicornio en el *chakra* de la corona entre las orejas. Su orbe de ángel de la guarda también salía en la fotografía.

Donde hay crueldad o descuido para con una de las criaturas de Dios, los unicornios se retiran con dolor y dejan que la danza del karma continúe desarrollándose.

Por la noche, los unicornios enseñan a los animales

Los espíritus de los animales viajan de noche, al igual que los de los humanos, y las personas a menudo se encuentran con sus mascotas, vivas o muertas, en los planos interiores durante los sueños. Muchos humanos nunca pasan de los planos astrales, el mundo de las emociones, durante su tiempo de sueño. Esto se debe a que su vida emocional es más importante para ellos que su búsqueda espiritual.

Hay muchos planos espirituales y, si estás en sintonía con la energía del unicornio, es posible que sueñes que te encuentras en un claro del bosque de extraordinaria belleza y te encuentras con un resplandeciente caballo blanco.

¡Incluso puedes ir a las escuelas de unicornios donde veras que hay muchos animales entre los estudiantes! Es mucho más fácil para un animal, libre de las trampas del intelecto y del pensamiento racional, entrar en los planos espirituales. En las dimensiones no físicas no se necesitan los soportes de vida del aire o el agua, por lo que es muy posible que encuentres delfines escuchando atentamente las enseñanzas espirituales ofrecidas por los grandes Maestros unicornios.

¿Funcionan los unicornios con los animales?

Sí, cuando el corazón de un animal se muestra abierto y quiere servir al planeta de alguna manera, los unicornios lo reconocerán y se acercarán para ayudar. Los unicornios han animado a muchos perros que, a, su vez, han ayudado a sus amos o incluso a extraños cuando se hallaban en apuros.

Elefantes en Phuket

Hay una historia maravillosa sobre los elefantes de Phuket, Tailandia, que sirvieron a los humanos durante el tsunami del 26 de diciembre de 2004. Escribí sobre esto en *Angel Answers*, pero considero que la historia también pertenece a estas páginas.

En ese fatídico día, un grupo de elefantes demostró al mundo un ejemplo de valentía y sinceridad. Unos veinte minutos antes de que llegara la primera ola del tsunami, algunos elefantes se pusieron muy nerviosos y se mostraron rebeldes. Cuatro de ellos, que acababan de regresar de un viaje y aún no habían sido encadenados, ayudaron a los otros cinco a liberarse de sus cadenas. Luego, todos subieron una colina y empezaron a bramar. Al darse cuenta de que algo andaba mal, muchas personas los siguieron y, sin saberlo, se pusieron fuera de peligro antes de que las olas golpeasen la costa.

Tan pronto como el agua se calmó, los elefantes empezaron a levantar a los niños con sus trompas. Corrieron colina arriba con ellos. Una vez rescatados todos los niños, comenzaron a ayudar a los adultos. Después de salvar a cuarenta y dos personas, regresaron a la playa y se llevaron cuatro cuerpos. ¡No permitieron que sus amos los montaran hasta que se completó esa tarea y luego comenzaron a mover los restos!

Cada uno de aquellos elefantes tenía un unicornio con él, iluminándolo con un propósito superior. Los unicornios también ayudaron a las personas que los elefantes rescataron, con su presencia y su luz. Además, había muchos unicornios que llevaban esperanza y aliento a los conmocionados y a los heridos.

La ayuda de los gatos

Uno de los servicios que brinda un gato es proteger contra las entidades a tu familia y tu hogar. Hay muchos espíritus astrales inferiores, fantasmas, formas de pensamiento y otros flotando alrededor. Éstos se sienten atraídos por las personas oscuras o los lugares donde pueden esconderse o bien buscan personas de alta frecuencia y espacios que puedan ayudarlos.

Si un gato está luchando por proteger a tu familia, un unicornio a menudo acudirá en su ayuda. Trae una luz tan pura que el ente ignorante puede escabullirse ya que se siente incómodo ante el resplandor. Asimismo, la luz del unicornio puede dirigir al desafortunado ser o forma de pensamiento a una dimensión superior.

La historia de la ballena en el Támesis

Los humanos están contaminando los océanos. Bajo las aguas, utilizan el sonar, que desorienta a las criaturas marinas, interfiere en sus sistemas de navegación y les causa tristeza y, a menudo, la muerte. Debido a esto, muchas son incapaces de cumplir el propósito y destino de su alma. En 2005, una ballena fue enviada como emisaria para llamar la atención del mundo sobre su difícil situación. Su avance por el río Támesis en Londres fue observado por personas de todo el planeta que le abrieron el corazón.

Debido a que esta ballena estaba sacrificando su vida por el propósito superior de todos los peces y mamíferos del océano, un unicornio se quedó con ella. Fue la luz del unicornio lo que llamó la atención del mundo y ayudó a aumentar la conciencia.

¿Los unicornios ayudan a las aves y a los animales a evolucionar?

Al trabajar con los animales que tienen un alma que desea servir, automáticamente, ayudan a la criatura a aumentar su frecuencia y a evolucionar. Además, cuando una bandada de animales o pájaros está lista para evolucionar, a veces a través del amor y de la gracia, los unicornios enviarán una onda de su energía, para mantener al grupo en la frecuencia a la que aspiran.

Pura diversión

En una ocasión, mi amiga Elizabeth me envió una fotografía de ella montada en un caballo que cruzaba nadando un río torrencial en Nueva Zelanda. Mientras la contemplaba, tuve una abrumadora sensación de que cerca de del río había un unicornio. Me dijo que, efectivamente, había sentido la presencia de uno, pero que no estaba allí para apoyarla. El unicornio había ido a jugar porque ella y el caballo disfrutaban de una diversión inocente y estimulante. La energía del unicornio se sumó inconscientemente a su alegría por la experiencia, uno de los aspectos más destacados del viaje, me dijo.

EJERCICIO: Visualización para conocer a los animales

1. Encuentra un lugar donde puedas estar tranquilo y sin que nadie te moleste.
2. Siéntate o recuéstate y relájate respirando cómodamente.
3. Imagínate caminando ligero y seguro por un sendero del bosque.
4. De repente, el camino se abre a un claro.
5. Puedes ver el cielo azul y una nube blanca suave se desplaza perezosamente a través de tu visión.
6. El claro es acogedor, lleno de luz solar.
7. En el centro hay una piedra grande, baja, lisa y cómoda. Te sientas en ella.

8. En unos momentos, un hermoso unicornio surge de entre los árboles y se acerca a ti.
9. Se acuesta a tu lado y te llena de una sensación de paz y alegría.
10. Ahora, otros animales entran en el claro con paz y amor en sus corazones. Puede que te sorprenda los animales que ves, pero te sientes totalmente seguro.
11. Forman un semicírculo frente a ti. Algunos querían hablarte desde hace mucho tiempo, pero ahora que el unicornio está contigo, pueden realizar la conexión. Salúdalos y escucha lo que tienen que decirte. Tómate tu tiempo para conversar telepáticamente.
12. Agradéceles su visita.
13. El unicornio te toca con su cuerno y luego también sale del claro.
14. Mantén la calidez y el amor en tu corazón mientras regresas por el camino iluminado por el sol, de vuelta al lugar donde comenzaste.
15. Abre los ojos y regrese a la habitación.

CAPÍTULO 20

LOS CABALLOS

Los caballos son criaturas muy evolucionadas, que se reencarnan una y otra vez, al igual que los humanos, para experimentar y aprender. Cuando ya dominan todas las lecciones ofrecidas por la Tierra, entonces ascienden. En ese momento es cuando se convierten en unicornio o en pegaso.

Jeanne siempre decía lo evolucionado y maravilloso que era su semental. Un ejemplar fuerte, valiente, testarudo y libre, y ella lo adoraba. Jeanne era una psíquica y médium, capaz de ver y hablar con el mundo espiritual. Cuando su hermoso caballo finalmente murió, vio que su espíritu salía de su cuerpo, se volvía de un blanco puro y ascendía con la luz que brotaba de su tercer ojo. ¡Jeanne supo que se había convertido en un unicornio!

En la página de chat que solía tener en mi sitio web, una señora escribió que tenía un caballo joven muy especial. Un día ella perdió los estribos y, muy enfurecida, se puso a gritar. Escribió: «Mi caballo se asustó del ruido y se puso a galopar repentinamente por el campo durante un buen rato, presumiblemente para eliminar de sí mismo la energía negativa que le había transmitido. Luego se acercó a mí y me miró, con sus ojos fijos en los míos, y tuve la mayor conmoción de mi vida. Así debe de ser para quien mira a un delfín a los ojos. Me di cuenta de que era mayor que yo, mucho mayor y que había estado aquí antes. Sentí que me estaba aconsejando y aquello me dejó completamente asombrada». La mujer agregó que otras personas que lo han conocido han sentido algo en su presencia que no pueden identificar. Ella cree que es un caballo joven en esta Tierra, pero de alguna manera es viejo y sabio más allá de los años terrestres y que sabe más sobre el mundo que ella misma. En teoría, como muchas de estas sabias y hermosas criaturas, éste es uno de los que han dominado las lecciones de este plano.

Menciono en otra parte de este libro que las alas de ángel son las radiaciones de sus centros del corazón. Exactamente de la misma manera, cuando los humanos abren sus corazones, desarrollan alas etéricas, que sólo pueden ser vistas por las personas psíquicas. Muy a menudo, cuando las alas de alguien comienzan a brotar y a crecer, sienten una sensación de picazón en la parte posterior de los hombros o en el *chakra* del corazón. He hablado con muchas personas que han experimentado este fenómeno. Curiosamente, en muchos casos, tan pronto como reconocen que esa sensación es el desarrollo de sus alas espirituales, se relajan. Entonces cesan las sensaciones provocadas por la resistencia.

De manera similar, los cuernos de unicornio son emanaciones de luz de su tercer ojo porque han alcanzado la iluminación. Una vez más, las personas que abren el tercer ojo a menudo sienten sensaciones de calor, frío, picazón u hormigueo en el centro de la frente. A veces, si estoy afinando este centro espiritual o buscando información de los reinos espirituales, mi tercer ojo hormiguea o incluso palpita. En una ocasión, alguien mencionó que mi unicornio estaba tocando mi tercer ojo con su cuerno. Inmediatamente sentí un dolor bastante intenso, en parte porque no lo esperaba, así que no estaba preparada, y también porque estaba abriendo algo que había sido cerrado con llave.

Cada caballo es un aprendiz de unicornio, al igual que todo ser humano es un aprendiz de Maestro Ascendido. Cuando un caballo comienza a abrir su tercer ojo, es posible que desee rascarlo contra un poste para aliviar la picazón.

Aleja Fischer, quien había sido la directora de la sección alemana de la Diana Cooper School of Angels, ama a los caballos. Me habló de una época en la que su hermoso caballo castrado árabe estuvo muy enfermo. El veterinario quería llevarlo al centro de atención de animales, pero ella sabía que no era lo que él deseaba. La familia se turnó para vigilarlo durante dos días y dos noches.

Aleja se sentó junto a él en el establo, repitiendo:

—Por favor, no nos dejes. Te amamos.

Al tercer día, mientras lo curaba, el caballo se puso en pie. De repente, le brotaron alas y las abrió de par en par. Ella gritó de asombro:

—¡Oh, eres un pegaso!

El animal respondió telepáticamente:

—Sí.

Luego se calmó y comenzó a recuperarse. Aleja entendió que la enfermedad era su iniciación en el dominio del caballo. Le permitió crecer en su poder y dice que ha cambiado mucho desde entonces. «Antes, él siempre estaba bromeando y jugando, tratando de morderme.

Ahora tenemos una comprensión total. Me respeta y su comportamiento es muy digno», me dijo.

Por supuesto, no todos los caballos están tan evolucionados. Muchos sólo han tenido unas pocas encarnaciones en este planeta y no muestran la sabiduría de aquellos que son almas más viejas. Están sujetos a un crecimiento y una progresión espiritual normal.

Cuando los caballos eligieron la Tierra por primera vez como su planeta de crecimiento y aprendizaje, creyeron que serían libres. Se ofrecieron generosamente a ayudar a los humanos a viajar. Los nativos americanos los montaban a pelo, sin riendas y así se concibió la relación entre los caballos y los humanos. La jerarquía espiritual se sorprendió y entristeció al ver a los caballos ensillados y embridados, atados y azotados. Los caballos, con su gran fuerza, se ofrecieron como voluntarios para ayudar a sus amigos humanos a realizar trabajos agrícolas pesados, pero no esperaban ser encadenados, sobrecargados de trabajo o incluso comidos. Muchos de estos caballos, a lo largo de sucesivas encarnaciones, se volvieron ariscos, obstinados y amargados. Detuvieron su evolución y ahora podemos ayudarlos con nuestras oraciones, respeto y cuidados. Cada vez que eres amable con un caballo, ayudas a todo su reino.

Aquellos que perdonaron a los humanos que abusaron de ellos y mostraron un comportamiento amable mantuvieron su espíritu y evolucionaron a través de los desafíos martirizantes que los humanos les impusieron. Los unicornios, por supuesto, son aquellos que practicaron el perdón.

Oración

«Pido y rezo para que los corazones de los humanos se abran a todos los caballos.

Por favor, ayudadnos a honrarlos y a cuidarlos. Mostradnos la manera de vivir en armonía, amor, paz y respeto mutuo con los caballos en todas partes. Permitidnos reconocer su valor y su poderoso espíritu. Que haya alegría y entendimiento entre los reinos de los humanos y los caballos».

EJERCICIO: Visualización para honrar a los caballos

1. En un espacio en el que no seas molestado y puedas estar tranquilo, tómate tu tiempo para relajarte.
2. Cierra los ojos y respira cómodamente.
3. Imagínate en el campo en un lugar donde te sientas seguro.
4. Un hermoso caballo se te acerca. Es pacífico e inofensivo.
5. Observa su coloración.
6. Conéctate telepáticamente con este animal. Salúdalo y dile que le deseas lo mejor.
7. Acaricia su morro y dale palmaditas cariñosas si te parece apropiado.
8. Frótale su tercer ojo.
9. Escucha todo lo quiera decirte. Visualiza cualquier acción que deba realizarse.

10. Pregúntale si puedes montar en su grupa. En tu mundo interior puedes montarlo fácilmente. También puedes montar a pelo, sin bridas, sujetándote en sus crines. Estás totalmente a salvo.
11. Mientras vas al paso, trotas o incluso galopas, siente que ambos os unís. Siente sus necesidades y explícale las tuyas. Deja que tu corazón se abra. Estáis aprendiendo a actuar como uno solo.
12. Te diriges a una granja donde los caballos han sido tratados con crueldad.
13. Juntos cruzáis un río, una llanura y luego subís una colina.
14. Cuando lleguéis, trabajad juntos, de manera segura, constructiva y sabia para liberarlos y ayudar al propietario a abrir su corazón.
15. Cuando hayáis terminado, volveréis al punto de partida. Desmonta y dale las gracias a tu caballo. Abre los ojos.
16. Debes saber que tu trabajo interior ha ayudado a todos los caballos en todas partes.

CAPÍTULO 21

EL PODER DE LA NATURALEZA

Los colores de la naturaleza

A los unicornios les encanta el blanco porque contiene todos los colores. Cada tono es una vibración divina y ellos los aprecian todos. Coge una flor. Las hadas trabajan con las energías y los patrones geométricos de la mayoría de los colores. Los ángeles pueden tomar la esencia y la luz de un espectro más amplio y utilizarla para ayudar a las personas y a los animales. En los planos interiores pueden tejer los colores para conceder sanación. Pueden ayudar a las almas de aquellos que han fallecido al respirar los colores de las flores en ellos. Los unicornios usan los colores más finos y delicados, una frecuencia más alta de la que pueden manejar muchos de los ángeles que trabajan con nosotros en los planos terrestres, para calmar y suavizar, sanar e inspirar. Incluso pueden utilizar la energía sutil de las flores para curar tu alma o ayudarte a encontrar tu verdadero camino divino. Recuerda preguntarles.

Verde

A los unicornios les encanta este color, que es el de la naturaleza, el equilibrio y la armonía. Y, por supuesto, tradicionalmente, ellos aparecen en suaves claros del bosque o al final de un valle verde. Pueden tomar el verde y entretejerlo en el plan de tu vida para brindarte las cualidades de equilibrio y armonía.

Amarillo

Un día estaba mirando un arbusto de aulagas de color amarillo brillante que, según los unicornios, contenía la esencia del sol, la vibración de la felicidad. Cuando veas un color así, piensa en los unicornios y respira alegría. Ellos te ayudarán a atraerlo hacia ti.

Rosa pálido y azul

Tiernas tonalidades de rosa, azul y malva flotan en los éteres alrededor de los unicornios porque han refinado sus equilibradas cualidades masculinas y femeninas. Cuando encuentres una flor de estos colores, tómate un poco de tiempo para disfrutarla. Al hacerlo, ten en cuenta que, siempre que estés abierto a ello, las grandes criaturas iluminadas pueden utilizar la esencia de esa planta para servir a tu alma.

Negro

El negro es ausencia de color. Se consideraba lo último en magia y misterio femenino. Es el vacío o la cueva donde tiene lugar la renovación y el renacimiento. Aquí se pueden enraizar y desarrollar nuevas ideas. Cuando estén listas para brotar y salir a la luz del día, el unicornio ayudará a fortalecerlas y nutrirlas.

Plateado

El unicornio a menudo se muestra de un color blanco plateado con pezuñas plateadas. Éste es el color de la luna, que representa las cualidades femeninas del amor, la ternura, la crianza, la sabiduría y la paz. También denota tiempo para la reflexión, la contemplación y la mirada interior. Piensa en los unicornios mientras contemplas la luna y espera que se produzcan cambios en tu conciencia.

Dorado

El cuerno en espiral del unicornio a menudo es de color dorado, el de la sabiduría. También representa el equilibrio masculino con el plateado, así como el sol simboliza la energía masculina ardiente y salvaje, y la luna, la energía interior y tranquila.

Diamante blanco

Algunos unicornios de muy alta frecuencia vienen ahora para ayudarnos y, a veces, son de un brillante blanco diamante que refulge con estrellas. Estos unicornios a menudo tienen cuernos de luz de platino. Si ves uno, debes saber que estás especialmente bendecido porque te está ayudando a ascender.

Formas geométricas

Si los unicornios contemplan un jardín lleno de narcisos amarillos brillantes, anunciando el inicio de la primavera, escucharán las flores cantando en armonía. Alguien me envió una foto de orbes alrededor de un círculo de tambores. Había una serie de orbes angelicales y algunos guías, pero uno que no pude reconocer. El grupo estaba jugando con una alta intención espiritual y cuando le pregunté a mi guía, Kumeka, qué era aquel orbe inusual, me dijo que era un «om», un sonido sagrado, que había sido creado por el grupo con su energía de alta frecuencia. ¡Así cantan las plantas!

Los unicornios también verán que algunas flores hermosas envían formas geométricas, tal vez triángulos que apuntan hacia arriba. Cerca, un grupo de jacintos puede estar desprendiendo un perfume glorioso, colores maravillosos y triángulos que apuntan hacia abajo. En el espacio etérico sobre el jardín, los símbolos geométricos se fusionan, formando estrellas de seis puntas, que indican el descenso del cielo a la tierra. Donde estas estrellas tocan a las personas, promueven la unión, la armonía, la cooperación y la unidad.

Los símbolos flotan un rato como burbujas en el aire y los unicornios los llevan suavemente a lugares donde pueden influir en las personas. Suceden tantas cosas de las que no somos conscientes…

Una rosa de color rosa puede enviar una forma de corazón. Algunas flores envían paralelepípedos altos y delgados, mientras que otras los envían bajos y cortos. Se buscarán para formar cruces.

Diferentes flores trabajan juntas, cantan como un coro y forman potentes símbolos. Los jardineros de antaño sabían qué plantas colocar juntas para que no sólo se protegieran o se alimentaran entre sí, sino para que también crearan energías divinas. Es asombroso pensar que enviamos luces tan poderosas que pueden afectar profundamente a las personas.

Imagínate la magnificencia de los rododendros de color rojo brillante de seis metros de altura que crecen en la línea de nieve del Himalaya. Contra la pureza de la nieve, las flores vibrantes son capaces de emitir notas como un millón de arpas sonando al unísono en alabanza a Dios. Y, al mismo tiempo, emiten formas geométricas, que son invitaciones a mirar hacia arriba y ver los portales del cielo.

Un roble puede enviar un cuadrado o cubo etérico, que conecta las energías de quienes se encuentran a su alrededor. El roble también es un poderoso protector de los humanos y los animales.

Los unicornios ayudarán a quienes estén preparados para llegar a un lugar adecuado donde puedan conectarse con tales energías. Muchos de los que se sienten inspirados a plantar flores en las selvas de hormigón están respondiendo a los unicornios. También lo hacen las personas que crean jardines gloriosos.

Rosas

Las flores y los árboles nos rodean e influyen en nosotros de más maneras de las que podemos imaginar. Por ejemplo, una rosa ayudará a disolver las influencias negativas, incluidas tus propias formas de pensamiento u otras que te envíen, que te asfixien o te ataquen. Estas hermosas flores también aumentan tu frecuencia y abren tu corazón. Simbolizan el amor, por eso los amantes se envían rosas. Cuando invocas a los unicornios para que trabajen con una rosa, contribuyes a acelerar tu proceso de purificación, así como a la apertura de tu corazón.

Según las antiguas leyendas inglesas, la rosa y el unicornio juntos representan la fuerza, la constancia y la inmortalidad. El arte místico muestra con frecuencia unicornios adornados con hermosas rosas rojas o blancas.

Una rosa representa lo divino femenino. Es la flor de la Madre María, la madre divina, y el unicornio era su alma animal familiar o especial.

EJERCICIO: Flores y unicornios

Esto es algo que puedes realizar incluso cuando hace mal tiempo o estás confinado en tu casa. Siempre hay una manera de ayudar a los demás y al mundo.

1. Inspira luz y paz en tu corazón.
2. Concéntrate en una alta intención.
3. Contempla algunas flores hermosas, o si no, busca fotos de algunas en Internet o en un libro.
4. Al mirarlas, toma conciencia de que su energía forma un orbe de amor. ¿De qué color es? ¿Qué cualidades contiene?
5. Pídele a un unicornio que lleve esta esfera de amor a alguien que conozcas que la necesite.

EJERCICIO: Música y unicornios

1. Si tienes aficiones musicales o incluso si sólo te gusta componer ritmos, puedes utilizar la energía para servir a la humanidad.
2. Imagina que tu corazón es una flor y visualiza sus pétalos abriéndose e irradiando amor.
3. Decide adónde o a quién te gustaría dedicar tu música.
4. Llama a los unicornios y háblales de tu propósito superior.
5. Luego, solo o con amigos, canta, tararea, pronuncia el mantra «om» o compón ritmos alegres.
6. Imagina a los unicornios llevando los orbes que creas al mundo para ayudarlo.

Tu cuerpo es una caja de resonancia. En tiempos más pacíficos, los aldeanos solían cantar juntos para mantener a la comunidad en armonía. En la Era Dorada de la Atlántida, si tus emociones se volvían discordantes y, en consecuencia, tu salud se veía afectada, los sacerdotes y las sacerdotisas de los templos acudían a tu encuentro para brindarte salud y armonía.

Esta comprensión está regresando ahora y escucho muchos testimonios de personas que curan sus órganos y sus huesos tarareando y cantando. Generalmente, se entiende que los ángeles cantan contigo y para ti. Los unicornios, aunque no cantan, mantienen altas las vibraciones mientras cantas para permitir que se produzca la curación. Todo lo que tienes que hacer es pedirles ayuda.

CAPÍTULO 22

LOS UNICORNIOS Y LOS JARDINES

Si tienes un jardín con césped verde, por pequeño que sea, donde la energía es pura y hermosa, tu unicornio vendrá a ti allí.

Así pues, ¿cómo puedes hacer que tu jardín sea más atractivo para los seres superiores? A ellos les encantan las cosas que envían armonía a la atmósfera. Esto incluye flores, árboles y estanques o fuentes y cualquier cosa hecha a mano con amor, como muebles de jardín de madera. Los tejidos naturales emiten una frecuencia más alta que los sintéticos.

Si es posible, incluye un banco o un asiento donde las personas puedan sentarse y simplemente estar. Cuando lo utilices para contemplar tu entorno, envía paz y amor. Las estatuas sagradas o puras, las piedras y los cristales contienen e irradian fuerza vital y sabiduría, que realzan la luz de tu jardín.

La música hermosa, el tintineo de campanas, las campanillas de viento y el sonido del agua que fluye hacen que tu jardín sea más armonioso. El sonido más atractivo de todos es la risa.

El amor es una energía dulce, de presencia suave y atractiva. Nunca está reglamentada ni es organizada. Así pues, los unicornios prefieren un jardín natural y que fluya a uno formal y angular.

Y, además, también aprecian que en el jardín haya, si es posible, una pequeña zona silvestre para las hadas y los espíritus de la naturaleza.

Los artículos que envían una energía pesada, como el hormigón, el plástico, los colores chillones y cualquier otro que se haga con resentimiento, intimidación o miedo, los repelen. Si tienes un patio de cemento o un camino asfaltado, pon macetas con flores en él. Haz lo que puedas para que tu hogar sea más suave y natural.

¿Qué pasa con las carreteras asfaltadas y las selvas de hormigón?

Bendice las carreteras y los edificios por los que pasas. Pronuncia la sílaba «om», aunque sea en voz muy baja. Enviarás buena energía. O reproduce música hermosa o cánticos mientras viajas.

Banderines de oración

Tengo unos banderines de oración bendecidos por el Dalai Lama colgados de una rama en mi jardín. A los unicornios les encantan porque el viento que sopla a través de los banderines envía una onda de luz de alta frecuencia.

Plantar con los unicornios

Si plantas tu jardín con los unicornios, éste será más abundante, hermoso y prolífico. Mientras permanezcas en él, llama a los unicornios para que supervisen y bendigan tu trabajo. Bendice tus semillas antes de sembrarlas y pídeles que las ayuden a germinar. Bendice tus flores, arbustos y vegetales antes de plantarlos y pídeles que los ayuden a crecer. Siente felicidad y alegría, de modo que irradies estas cualidades a tus plantas y los unicornios multipliquen ese amor.

Cultivar vegetales

Los unicornios comprenden la relación simbiótica que los humanos tienen con sus cultivos. Si amas tus plantas y las cultivas de manera natural y armoniosa, pídeles a estos seres poderosos que bendigan tus vegetales y tus árboles frutales. Si conoces a alguien que esté plantando y cosechando de manera orgánica y saludable, pídeles que lo visiten y lo bendigan también. Enviarán una lluvia de estrellas desde sus cuernos de luz a las plantas, o a la tierra que las rodea si aún no han germinado. Esto enriquecerá la energía sutil del producto.

Cuando pases por una granja, bendice los campos de los agricultores con energía de unicornio. Su luz realzará el prana en los cultivos. Si la granja usa aerosoles tóxicos, la bendición ayudará a mitigar su efecto sobre la naturaleza y el cuerpo humano.

Bendición de semillas germinadas

Un día les pregunté a los unicornios si bendecirían los frijoles mungo y las semillas germinadas que cultivamos en la cocina. Me sentí bastante tonta cuando les pregunté algo tan trivial a estos magníficos seres. Para mi sorpresa, estuvieron de acuerdo y agregaron:

—Diana, como a menudo has hecho cosas para servir a los demás con amor en tu corazón, con gusto haremos lo mismo por ti.

Ése es un mensaje de amor y esperanza para todos nosotros.

Hacer un jardín de unicornios

Por supuesto, puedes dedicar todo tu jardín a los unicornios y sintonizarlos como guías. Así, tendrás una idea de qué plantar y dónde. Tu intención convocará a los poderosos seres de luz y podrás vislumbrarlos, especialmente a la luz de la luna.

El rincón del unicornio

Puedes crear un rincón de unicornio en una zona pequeña de tu jardín. Podrías hacerlo con un estanque en el centro, en alguna terraza, alrededor de un banco o en algunos arbustos o en un macizo de flores. Hazlo armonioso, con flores, piedras, estatuas, un arbusto o dos y un poco de agua si es posible. Siempre que lo crees con los unicornios en tu corazón, será perfecto para ellos.

Un jardín en miniatura
Cuando era niña me encantaba hacer jardines en miniatura en un plato, con musgo imitando el césped, flores, un espejo para reproducir un estanque… Y hacía pequeños bancos, con ramitas y con piedras formaba escalones o un camino. De adulta, cuando hago uno con mi nieta, añadimos pequeños modelos de unicornios, ángeles, hadas y un Buda en miniatura. Les dedicamos el jardín. Puedo sentir que atrae a los unicornios hacia nosotros porque éste es un ofrecimiento inocente, divertido y creativo, justo el tipo de cosas que les gustan.

Un balcón o el alfeizar de una ventana
Si no tienes jardín, convierte un balcón o una jardinera en un espacio acogedor y sagrado y ofréceselo a tu unicornio. Planta flores o hierbas. Ámalo y cuídalo con esmero. Los unicornios verán cuánto de tu corazón y alma pones en ello.

Un jardín en casa
Si no tienes espacio al aire libre para dedicar a los unicornios, crea un pequeño jardín interior para ellos. ¡Es la intención lo que cuenta!

Un jardín interior
Tienes algo que nadie podrá quitarte jamás: tu mundo interior, que te pertenece sólo a ti y en el que puedes crear tanto como desees y enriquecer a tu gusto. Cuando llenas tu mundo interior de sol y felicidad, tu vida exterior automáticamente refleja eso. Aquí te ofrezco una visualización para crear un jardín de unicornios, que puede ser tan grande o pequeño como desees. Puedes elegir lo que sea que le pongas, para que tu unicornio siempre pueda encontrarte ahí.

EJERCICIO: Visualización del jardín de unicornios

1. Busca un lugar donde puedas relajarte y en el que nadie te moleste.
2. Imagínate que caminas por un sendero tranquilo, de modo que con cada paso que des te sientas más relajado.
3. Hay una puerta frente a ti y la abres.

4. Ésta conduce a un área que está esperando a que crees en ella tu jardín de unicornios.
5. Todo lo que necesitas está ahí, así como cualquier otro tipo de ayuda.
6. Utilizando el poder de la imaginación, puedes crear en un instante el césped, una cascada y un macizo de flores o cualquier cosa que desees. Tómate tu tiempo.
7. Cuando hayas terminado, busca un lugar para relajarte.
8. Llama a los unicornios y explícales que has construido ese jardín para ellos.
9. Pueden tener algunas sugerencias para ti.
10. Pídeles que te visiten allí siempre que entres.
11. Cuando estés preparado, sal de tu jardín por la puerta y regresa a donde empezaste.

Recuerda

— Puedes cambiar tu jardín interior en cualquier momento con una pincelada de tu imaginación.

— Es posible que prefieras dibujar tu jardín en una hoja de papel antes de visualizarlo.

— Puedes invitar a tu jardín a quien quieras y nadie tiene derecho a entrar sin tu permiso.

— Este jardín puede convertirse en un refugio seguro para ti en tu mundo interior.

— Cuanto más lo visitas, más se convierte en parte de tu realidad.

EJERCICIO: Leer una flor

Elige el color de tu flor con cuidado. Si la recoges, pídele permiso primero y recuerda agradecérselo, bendecirla y ponerla en agua cuando hayas terminado el ejercicio. Mira a través de la flor con una mirada ligeramente desenfocada y siente los colores más sutiles a su alrededor. Pregúntale sobre tu propósito. Recuerda que cada flor tiene un hada que la cuida. ¿Quizá puedas sentirla?

CAPÍTULO 23

LOS BEBÉS UNICORNIO

Los unicornios tienen una afinidad natural con los niños y adoran su compañía, ya que están inocentemente abiertos a los mundos interiores.

Un día, de repente recordé lo que Rosie, una niña psíquica de unos siete años, me había dicho el verano posterior a la llegada de los unicornios. Sus ojos marrones brillaban de emoción y pura alegría mientras explicaba que un bebé unicornio había nacido en su habitación. Dijo que su mami no la dejaba jugar con él mucho rato porque era muy pequeño y poco después de nacer sus padres se lo habían llevado para que descansase tranquilamente. Luego compartió conmigo su nombre. Estaba absolutamente emocionada de que fuera a ser su unicornio y pudiera jugar más con él a medida que creciera. Debo confesar que escuché esta historia con cierto escepticismo a pesar de que esa niña siempre ha visto hadas y ángeles.

Tuve motivos para recordarlo cuando construí una extensión de mi casa. Tenía la intención de pavimentar un área detrás de la nueva cocina. Aquella noche, los unicornios dijeron que querían terrazas, porque así no sofocaría la tierra. También pidieron mucha vegetación. Para mi asombro, añadieron que, debido a que el área que estaba creando era un rincón protegido, querían usarlo como una guardería para unicornios pequeños y bebés.

¡Unicornios bebés! Durante una fracción de segundo me sentí abrumada y honrada. Entonces mi escepticismo y la lógica del lado izquierdo de mi cerebro intervinieron. ¡Qué locura, unicornios bebés! Ridículo.

Entonces, recordé mis conversaciones con aquella niña y las cartas que había visto con el unicornio madre y su bebé encima de ella. Para representarlos, los pintores debían «saber» de alguna manera que existían. ¡Ahora los propios unicornios me hablaban de sus bebés y esperaban que yo escribiera sobre ellos! Me vinieron a la mente varias preguntas y me abrí para hacerlas.

¿Cómo un ser espiritual y etérico engendra un bebé?

Los unicornios son andróginos, más allá de la sexualidad y con energías masculinas y femeninas perfectamente equilibradas, como los ángeles. Pueden aparecer como masculinos o femeninos, dependiendo de nuestra necesidad o expectativa y porque nosotros proyectamos el género en ellos.

Para producir un bebé, dos unicornios mantienen la intención espiritual de producir otro ser a su imagen. Luego se «aparean» fusionando sus energías con este enfoque. Todo lo que hay en los alrededores siente una oleada de dicha cuando se unen en una gran esfera de luz blanca pura. Y cuando se separan, un tercer unicornio pequeño emerge de la masa de energía. Esta nueva y delicada energía espiritual es alimentada por los seres más viejos.

¿Por qué los unicornios tienen bebés de esta manera?

En una ocasión, ellos me dijeron que les ayuda a comprender lo que experimentan los seres de la Tierra cuando nace un bebé.

Los unicornios tienen que bajar sus frecuencias para venir a la Tierra a servir a la humanidad. Sin embargo, llevan todo lo que aprenden a su hogar espiritual y lo devuelven al Estanque del Conocimiento de su Reino. Nos dicen que en el futuro algunos de ellos tendrán que encarnarse en un cuerpo de carne y hueso como caballos blancos puros, para ayudar a las personas a recordar su unidad con los animales. Así pues, estas experiencias los ayudan a prepararse. Por eso los unicornios adultos, como seres poderosos que son, cuidan y nutren a sus crías.

Mi guardería de unicornios

Como resultado de la solicitud de los unicornios, creé un área privada bellamente decorada en la parte trasera de mi casa con una pequeña cascada y mucha vegetación, suavemente iluminada por luces. Es muy tranquila y silenciosa. El constructor fue maravilloso. ¡Le dije lo que querían los unicornios y se dispuso a hacerlo para ellos con dedicación y profesionalidad! Después de seis meses de trabajar en un portal de ángeles, se había abierto considerablemente a los mundos espirituales. Cuando terminó la extensión, se sentó en un banco y dijo:

—No querría abandonar este lugar nunca.

¿Por qué los unicornios se sienten tan atraídos por los bebés y los niños?

Por su pureza e inocencia. Les encanta la risa, la diversión y la felicidad y, por supuesto, estas cualidades son magnéticas para cualquier ser de luz, pero especialmente para los unicornios.

La historia del bebé Zeus

Ésta es una historia sobre un bebé unicornio compartida por Susan Ann:

Durante la semana de la Atlántida de Diana de 2006, ella nos condujo a una visualización de unicornios. Mi unicornio habitual, Aurora, entró instantáneamente, pero me sorprendió sentir la presencia de un segundo unicornio: un bebé blanco y peludo trotando orgulloso a su lado, como si fueran padre e hijo. Aurora me presentó a su joven compañero, Zeus. «Qué nombre tan poderoso para un unicornio tan pequeño», pensé. Desde entonces, Zeus ha estado al lado de su mentor, aprendiendo de él, como un novicio. Siempre que Aurora baja su cuerno y dirige la curación a través de él hacia mí, Zeus luego hace lo propio, imitando sus acciones. A veces he tenido que ayudarle, por ejemplo, inclinándome para que pueda apuntar su cuerno corto e inmaduro hacia mi tercer ojo, o en una ocasión tuve que arrodillarme para que él pudiera alcanzar mi plexo solar.

La energía que recibo es diferente: al principio no es tan poderosa ni tan penetrante como la de Aurora. La sentía más hormigueante y generalizada, como si me hiciera cosquillas, mientras que la de Aurora era directa, enfocada y llena de destellos, como un rayo láser que sana profundamente.

Con el paso de los meses, Zeus ha crecido y ya no es un bulto diminuto y suave con un cuerno corto y rechoncho. El cuerno ha crecido también y se ha alargado. Su curación se está volviendo más poderosa y enfocada. Todavía es predominantemente juvenil, pero está madurando a gran velocidad, y estoy segura de que se convertirá en el poderoso Zeus que apunta su nombre. Me siento honrada de haber podido ayudarlo en su desarrollo.

Hadas y unicornios bebés

Las hadas tienen una cualidad infantil y juguetona, por lo que les encanta jugar con los unicornios bebés. Los unicornios son nobles y majestuosos, y las hadas les enseñan la diversión y la ligereza. Cuando te sientes tranquilamente en tu jardín o en el campo, podrás fijarte en que ambos juegan juntos.

Unicornios bebé en el escenario

Un día, después de dar una conferencia, una señora se me acercó y me dijo que había sido clarividente toda su vida pero que nunca había visto nada que se comparara con lo que había visto esa mañana. Aparentemente, había bebés unicornios jugando y retozando a mi alrededor en el escenario mientras hablaba.

No pude evitar reírme al pensar en ello y me alegré, estaba enfocada en los guías y ángeles que me estaban ayudando. De lo contrario, podría haberme mostrado increíblemente distraída ante el auditorio.

EJERCICIO: Llamar a un bebé unicornio

Tal como es arriba es abajo. Un padre no deja a su descendencia con alguien en quien no confía, por lo que es importante que te encuentres en un espacio seguro e inofensivo cuando hagas esta visualización, ya que un unicornio adulto puede entrar con uno bebé. Enciende una vela si es posible.

1. Siéntate tranquilamente en un lugar donde no te molesten.
2. Inspira luz blanca dorada con el centro de tu corazón y espira con tu tercer ojo hasta que te sientas relajado y rodeado por un capullo de luz.
3. Te hallas en un hermoso jardín iluminado por el sol, con flores en cascada alrededor de un estanque y pájaros cantando.
4. Envía mentalmente una invitación para que un bebé unicornio vaya a tu encuentro.
5. Cuando se acerque, quédate quieto hasta que reconozca tu energía.
6. Luego, diviértete jugando y hablando con él durante todo el tiempo que ambos queráis.
7. Después dile que debes irte y llama a sus padres para que se lo lleven.
8. Luego, regresa a donde comenzaste.
9. Es posible que desees registrar tu experiencia en tu diario de unicornio.

CAPÍTULO 24

UNA DUCHA DE UNICORNIO

Un día les pedí a los unicornios que trabajaran conmigo en la ducha. Mientras el agua se derramaba sobre mí, sentí que mis *chakras* se abrían y un canal de luz me atravesaba. Para mi sorpresa, los unicornios empezaron a dejar caer plumas blancas etéricas, perlas y pétalos sobre mí.

Las plumas blancas son la manifestación de su energía angelical y me parecieron absolutamente hermosas, pero no inesperadas. Los pétalos eran de flores de cerezo blancas, que simbolizaban el comienzo de algo nuevo, tal vez en mi vida espiritual o un cambio en mi vida. Las perlas, sin embargo, sí me sorprendieron.

Literalmente, podía sentir las plumas, las perlas y los pétalos caer a través de mí para asentarse en varias partes de mi cuerpo y de mi aura.

Desde entonces, a menudo me doy duchas de unicornio. Te recomiendo que hagas lo mismo porque es una experiencia brillante. En otras ocasiones me han llovido regalos. He recibido pétalos de rosa por amor, lirios por una espiritualidad superior e, incluso, diamantes por claridad e iluminación.

¡También es una gran experiencia tomar una ducha de unicornio bajo la lluvia si estás vestido correctamente!

Bendición de la ducha de unicornio

Por supuesto, no tienes que estar en una ducha física o en medio de una tormenta para crear una ducha de unicornio. Basta con que cierres los ojos e imagines que un agua suave te cae por encima. Pide a los unicornios que derramen bendiciones sobre ti y hazte una idea de lo que te ofrecen. Ábrete para dejar que los dones fluyan hacia tu cuerpo y te rodeen. Y recuerda darles las gracias.

Unicornios en la niebla

Un día de lluvia ligera y niebla espesa, caminaba por los bosques de mi localidad y les pedí a los unicornios que se unieran a mí. Les pregunté si era posible recibir una ducha de unicornio con una lluvia tan suave como aquélla. Ellos me respondieron rodeándome con un arcoíris y me dijeron que respirara los colores, así que naturalmente lo hice. Dijeron que las personas a menudo se sienten deprimidas cuando el clima es gris, húmedo y lúgubre. Si llamas a un arcoíris, te rodeará con su energía y te dará esperanza. Respirar su luz, ciertamente, me energizó y me hizo sentir muy bien.

Puedes pedir el color que desees o simplemente dejar que los unicornios con su sabiduría te envíen el tono adecuado para ti. ¡Imagina una ligera llovizna de luz rosada o, incluso, una lluvia dorada brillante que puedes absorber!

Perlas

Los unicornios sostienen que las perlas etéricas se forman de un modo muy similar a las físicas. Aceptan el valor de un desafío que su alma ha asumido. Para ello, utilizan el conocimiento y la sabiduría que han adquirido durante sus esfuerzos. Luego iluminan el conjunto con sabiduría cósmica y aparece una perla espiritual. Me encantó este concepto.

Plumas

Los unicornios pueden dejar caer una pequeña pluma blanca pura en tu aura. Sin embargo, si quieren enviarte un mensaje especial, es posible que utilicen una pluma de color.

Puede ser azul para la comunicación, azul profundo para la curación, verde para equilibrar algo en tu vida, roja para darte energía, rosa para el amor o quizá, incluso, dorada para sugerir que observes una situación con sabiduría. Si recibes una pluma de color, físicamente o en tu mundo interior, reconócela como una bendición y actúa de acuerdo con el mensaje.

Pétalos o flores

Los pétalos de las flores contienen la energía y la fuerza vital de la planta de la que proceden. Así pues, si recibes un pétalo de rosa, debes saber que estás recibiendo amor de los unicornios. Si es una flor de primavera, sugiere que algo nuevo está despertando en ti, mientras que una de verano te ofrece energía. Por ejemplo, si los unicornios te arrojan un ranúnculo dorado, es posible que tu sabiduría se esté desarrollando, mientras que un pétalo de geranio rojo te brindaría vitalidad y un nomeolvides azul podría indicar que quieren que los recuerdes.

Una campanilla de invierno o una flor blanca sería un mensaje para purificarte o para decirte que eres puro. Si tienes dudas, pregúntate: «¿Qué significa esta flor para mí?».

Entrar en una perla

Un día, los unicornios me pidieron que entrara en una de las perlas que habían derramado para mí, para que pudiera ver el desafío, aprender de él y agradecerlo. Esto, indicaron, expandiría mi aura y me conduciría a un estado de dicha. Aquello me sonó extraño, pero entré en meditación y entré en la perla.

Una vez en su interior, encontré una hermosa perla rosa y azul en mi páncreas y entré por una pequeña puerta. El interior era suave y encantador, como si estuviera en una hermosa y cálida laguna. Nadé hacia una caverna rocosa que podía ver delante de mí. Cuando entré en la cueva, todo estaba oscuro y me resultó amenazador. Me estremecí. Una voz me dijo:

—No te sentías amada ni valorada cuando eras más joven. Tuviste que aprender a amarte y a valorarte. Ése fue tu desafío.

En el centro de la caverna, encontré a un pequeño bebé prematuro en el que me reconocí, sintiéndome insegura en un mundo enorme, ruidoso y caliente. Aunque su madre la sostenía en brazos, sentía el miedo y la falta de autoestima de su propia madre, y eso le causaba miedo. De repente, sentí una enorme sensación de amor, compasión y alivio. Abracé a la madre y al bebé y, al oír eso, las rocas a mi alrededor se disolvieron y nadé en la felicidad y la dicha de la laguna.

Cuando abrí los ojos, les di las gracias a los unicornios porque sabía que me habían curado.

EJERCICIO: Pasos para entrar en tu perla

Es posible que desees hacer esto inmediatamente después de una ducha de unicornio física, mientras todavía estás en el agua, pero también puedes hacerlo en otro momento completamente distinto. El agua es un elemento muy psíquico y a las personas a menudo les resulta más fácil acceder a otros reinos cuando están sumergidas en él. Recuerda que estás a cargo de todo y estás totalmente seguro en todo momento. Si tienes miedo de tu desafío, llama a un unicornio para que te ayude.

1. Ponte cómodo y relájate.
2. Visualiza tu perla. ¿Cómo es de grande? ¿De qué color es? ¿Es brillante u opaca?
3. Si está en tu cuerpo, ¿en qué órgano? También puede presentarse flotando frente a ti.
4. Busca una puerta en la superficie de la perla y entra por ella. ¿Qué sientes al hacerlo? Tú estás a cargo de todo y puedes explorar.
5. Si allí te encuentras con personas o animales, habla con ellos. Descubre lo que quieren decirte.
6. Avanza hacia el «valor» o desafío en el centro. ¿Qué forma ha adquirido?

7. Entra y conoce el desafío. Puedes recibir impresiones, escuchar una voz o simplemente saber.
8. Si necesitas ayuda, llama a tu unicornio. Tanto si sientes su presencia como si no, él estará allí.
9. Cuando hayas aprendido de qué se trata la lección del desafío y la hayas aceptado o entendido, se disolverá.
10. Regresa a través de la perla al lugar por donde entraste.
11. Abre los ojos y dale las gracias a tu unicornio.
12. Observa cómo te sientes y, si deseas hacerlo, anota lo que has experimentado y aprendido en tu diario de unicornio.

CAPÍTULO 25

LAS ESFERAS DE CANTO DE UNICORNIO

Una esfera que vibra es una energía creada por el enfoque mental, el sonido y el color, visualizada entre tus manos. Si alguna vez has creado una esfera de canto de los ángeles, sabrás lo poderosa y hermosa que es. Las de los unicornios son muy similares, excepto que creas una esfera de luz blanca pura y, mientras tarareas, llamas mentalmente a los unicornios. Poner tu intención en una esfera de energía, mientras enfocas el sonido y el color en ella, crea algo que potencialmente cambia la vida.

Invocar a los unicornios al mismo tiempo lo hace extraordinario. Cuando la hayas creado, puedes enviarla a cualquier persona, lugar o situación. Aquí hay algunas cualidades de unicornio que puedes introducir en tu esfera: amor, paz, alegría, integridad, fe, esperanza, dignidad, serenidad, tranquilidad, pureza, asombro, sorpresa, dicha, perseverancia, paciencia, anticipación y cualquier otra aspiración que puedas pensar.

EJERCICIO: Crear una esfera de canto de unicornio

1. Decide las cualidades de unicornio con las que quieres llenar la bola.
2. Frótate las manos y mantenlas separadas unos centímetros, de manera que puedas sentir la energía entre ellas. Imagina que hay una esfera de luz blanca pura entre tus palmas.

3. Diles a los unicornios cuál es tu intención para el canto, por ejemplo, que deseas utilizarlo para enviar sanación a un amigo, paz a una situación, integridad a un trato comercial o amor para abrir el corazón de alguien que está herido.
4. Invita a los unicornios a agregar su energía a tu esfera.
5. Mientras te concentras en las cualidades y en la intención que estás poniendo en tu esfera, tararea, sintiendo que se expande suavemente.
6. Imagina tu esfera de luz brillante de unicornio resplandeciendo en tus manos.
7. Cuando hayas terminado, pide a los unicornios que se la envíen a la persona, lugar o situación que has imaginado.

EJERCICIO: Dos o más personas creando esferas de unicornio tarareando juntas

Si estás con un amigo, lo más maravilloso, cariñoso y nutritivo es crear una bola de unicornio tarareando para el otro. Puedes preguntarle a tu amigo qué le gustaría tener en su esfera. Uno podría pedir que la esfera se llene de paz y de perdón, y luego se la coloca en el corazón. Otro podría elegir la curación y la purificación de unicornio para su hígado; mientras que otro puede buscar fuerza y dignidad para ayudar a establecer una escuela para niños desfavorecidos. Las posibilidades dependen completamente de la persona que recibe la esfera.

Pregúntale a tu amigo qué cualidades de unicornio le gustaría tener en su esfera. Puede elegir varias. Pregúntale también adónde quiere que vaya la luz, como resolver una relación, curar una parte de su cuerpo, mejorar su confianza o ayudar en una misión.

1. Frótate las manos y mantenlas separadas unos centímetros para que puedas sentir la energía que se concentra entre ellas. Imagina que es una esfera de luz blanca pura.
2. Diles a los unicornios adónde quieres que vaya la bola.
3. Pídeles que añadan su energía a tu esfera mientras tarareas.

4. Mientras te concentras en las cualidades y en la intención que estás poniendo en tu esfera, tararea, sintiendo que se expande suavemente.
5. Imagina tu esfera de luz brillante de unicornio resplandeciendo en tus manos.
6. Cuando hayas terminado, coloca la esfera de luz en el corazón de tu amigo. Puedes ponerla directamente en otra parte de su cuerpo si eso es lo que te ha solicitado.

EJERCICIO: Crear una esfera de unicornio grupal para una situación o para una persona

Varias personas pueden unirse para hacer una esfera de unicornio para una persona o para enviarla a un lugar o una situación determinados. Su energía combinada es, por supuesto, mucho más poderosa que si cada uno trabajara individualmente.

Hay varias maneras de hacerlo. O cada uno hace una esfera de canto como en el anterior caso, y luego las fusionan en una grande antes de enviarla, o se colocan en círculo y levantan las manos para energizar una gran esfera que crearán con su luz e intención, y luego, una vez creada, pedirán a los unicornios que la lleven a su destino.

Si te encuentras en un salón lleno de personas que tienen la misma visión, cada una puede hacer una esfera individual y luego enviársela al facilitador. Su tarea es recolectar toda la energía y dirigirla a los unicornios para que la tomen como se acordó. Recuerdo que una vez le pedí a unas trescientas personas que me lanzaran sus esferas de unicornio, para poder tomarlas en mis brazos y enviarlas a los unicornios. Estaba casi abrumada por tanta energía.

EJERCICIO: Círculo de esfera de canto de unicornio 1

Esto se basa en el principio de que recibimos lo que damos. Cuanto más sinceramente regalas amor, más fluye en tu vida.

1. Siéntate, o permanece de pie en un círculo con otras personas, y crea una esfera de canto de unicornio para ti.
2. Deposita amor o cualquier otra cualidad en ella. Cuando tus manos estén llenas de energía y bendiciones de unicornio, coloca la esfera en el corazón de la persona que se halla a tu izquierda.
3. Recibe la de quien esté a tu derecha. Como has creado una salida de amor al regalar tu esfera de unicornio, puedes aceptar más en tu vida.

EJERCICIO: Círculo de esfera de canto de unicornio 2

1. Siéntate, o permanece de pie en un círculo con otras personas; una de ellas debe situarse en el centro.
2. Esa persona que se halla en el centro del círculo dice qué energías de unicornio le gustaría recibir.
3. Quienes forman el círculo crean esferas de canto de unicornio en consecuencia y, cuando terminan, las colocan en el individuo que está en el centro. ¡La sensación al recibirlas es maravillosa!

EJERCICIO: Círculo de esfera de canto de unicornio 3

1. Cada persona en el círculo se pone a tararear.
2. Cuando estén preparadas, transmiten su esfera con amor y significado a la persona de su izquierda. De esta manera, cada persona está recibiendo y dando al mismo tiempo.
3. A medida que las esferas de unicornio dan la vuelta al círculo, van acumulando energía. Finalmente, todas se colocan en el centro.
4. Ahora todos pueden respirar la energía de unicornio llena de amor e intención, tomando lo que necesiten.

Historias

Una dama siempre había deseado ver unicornios, pero no era clarividente. Durante un taller de unicornios, pidió que la esfera de canto de unicornio que se estaba creando para ella entrara en su tercer ojo con la intención de permitirle ver uno. Esa misma noche, tuvo un sueño vívido en el que su unicornio se le acercó. Pudo verlo en todo su esplendor y nunca ha olvidado ese momento.

Una mujer que era clarividente creó una esfera de unicornio y se la envió a su tía. Se sorprendió al verla volar a través de los éteres hacia su pariente. Entró en su cuerpo, se extendió a través de ella como miel tibia, luego se volvió a formar en una esfera y voló de regreso al remitente que estaba contemplando la escena. Llegó a su corazón y sintió una maravillosa sensación de hormigueo frío cuando la frecuencia del unicornio vibró en ella.

Abundancia de orbes

Me encanta dar y recibir orbes en abundancia. Y bajo las leyes del Universo, tú también te abres a la abundancia. Mientras tarareas en tu esfera, estás visualizando al destinatario como si ya hubiera recibido las riquezas, el éxito o el bienestar que deseas para él.

A menudo he visto a ángeles llevando orbes de abundancia hacia los éteres para ser energizados por el Universo. Sin embargo, me sorprendió ver a un unicornio llevando una esfera de abundancia hacia los reinos superiores para que se manifestara su contenido. Los unicornios me dicen que, con frecuencia, llevan estas esferas de oración directamente a los reinos superiores desde donde pueden precipitarse haca los reinos materiales.

CAPÍTULO 26

LOS ORBES DE UNICORNIO

Desde la llegada de la cámara digital, los orbes, o círculos, se han convertido en un fenómeno en las fotografías. Aparecen donde hay niños, animales, en bellos parajes, iglesias, en ceremonias o celebraciones, en encuentros espirituales, en portales y en otros lugares. Se pueden llamar intencionadamente de la misma manera que se puede invocar a un unicornio. Sin embargo, el factor más importante en la aparición de los orbes en una imagen es la frecuencia del fotógrafo, ya que responden a la energía del corazón. Algunas fotografías contienen cientos de orbes o burbujas de luz.

Los científicos ahora dicen que estos orbes no son causados por una gota de humedad o una mota de polvo en la lente de la cámara, sino que hay una fuente de energía dentro de cada uno. Esto coincide con la comprensión de los místicos de que los orbes proceden de una fuente espiritual.

Los planos se interconectan entre sí, por lo que siempre hemos estado rodeados de espíritus. Éstos incluyen hadas, elementales, ángeles, espíritus de los difuntos, fantasmas, guías espirituales, Maestros Ascendidos y, por supuesto, unicornios. Cuando he visto hadas, por ejemplo, son una bola de luz danzante de colores, con la forma de un ser alado en el centro. Esto significa que las veo rodeadas de sus auras. Esta luz es lo que se imprime en las imágenes.

Nuestros seres queridos en espíritu siempre nos han visitado para consolarnos, apoyarnos, guiarnos o ayudarnos. El espíritu de un niño que no ha nacido porque su madre ha sufrido un aborto espontáneo a menudo permanecerá alrededor de su madre, creciendo con la familia. Una querida abuela pasará del otro lado de vez en cuando para ver cómo está su familia. También hay quienes no pasan correctamente y se quedan en el plano terrestre como fantasmas. Todos ellos dejan una huella de su presencia en los éteres y éstos ahora están siendo capturados como orbes por las cámaras digitales.

Además, cuando el espíritu de un ser humano o de un animal abandona su envoltura física durante el sueño o la meditación, se convierte en parte del mundo espiritual. Curiosamente, viajan en su cuerpo de luz o *Merkabah*, que tiene la forma de una estrella tridimensional de seis puntas. Sin embargo, a medida que una persona evoluciona, su cuerpo ligero se vuelve más suave, más femenino y redondeado: un orbe.

Una de las razones de la aparición de tantos orbes en las fotografías en la actualidad es que los velos entre las dimensiones se están volviendo más tenues. ¡Se nos ha dicho que se nos dará una prueba de la existencia de los ángeles y de los seres espirituales superiores! Creo que los orbes en las fotografías son el comienzo de este fenómeno.

Diferentes tipos de orbes

Algunas auras son débiles y otras muy brillantes. Algunas son pequeñas, otras grandes. Depende de su frecuencia. Las sólidas esferas de luz son hadas o ángeles que irradian amor puro. Me asombra la cantidad de ángeles del amor que he visto en imágenes. Tengo una fotografía en la que un orbe muy brillante baila cerca de mí. Es un ángel del amor, pero mucho más difícil de ver en la misma fotografía es un orbe de unicornio. Otros orbes son esferas de energía que contienen sanación, luz, comunicación o amor. Éstos a menudo tienen patrones en su interior que son mensajes codificados de los reinos invisibles. Frecuentemente, es el ángel de la guarda o el guía espiritual que habla con esa persona.

Aprendiendo de los orbes

Fue estudiando miles de orbes y aprendiendo a distinguir cuáles eran de unicornios que descubrí más sobre estos seres maravillosos. A menudo, se encuentran trabajando en armonía con los ángeles. También viajan para rescatar a personas que se hallan en peligro bajo una energía negativa. He visto un orbe del arcángel Miguel y un unicornio, fusionados, corriendo para ayudar a alguien, y un rastro de energía fluyendo detrás de ellos mientras se movían muy rápido. No estaban en una fotografía tomada segundos antes.

Me llenó de alegría ver orbes de unicornios viajando con hadas para ayudar a las personas y a las criaturas marinas en una tormenta que azotaba la costa y el océano. También ayudan a asentar y despejar la energía que se agita. Y, sobre todo, me ha encantado ver hermosos orbes de unicornio cerca de los nuevos niños iluminados, que pueden sentir y comprender su luz.

Rostros

Cuando agrandas un orbe, a veces puedes ver una cara en él. Son los rostros de los espíritus visitantes y siempre están a la luz de un ángel o de un arcángel unicornio, que lleva a la persona a ver a sus seres queridos que aún están encarnados.

Invitaciones

A medida que más personas aumentan su frecuencia y abren sus mentes a posibilidades expandidas, los ángeles, los arcángeles, los Maestros Ascendidos, los unicornios y otros seres elevados de luz nos invitan a ir a retiros de arcángeles o templos de aprendizaje durante nuestro sueño.

Viajamos en nuestros cuerpos espirituales y asistimos a lecciones en los planos interiores.

Por supuesto, puedes solicitar visitar un templo en particular, un retiro o el reino de los unicornios. En *A New Light on Ascension*, hablo de muchos de los retiros de los arcángeles y de los grandes Maestros que nos están guiando en este momento.

Un unicornio en el aura

Hace algunos años, estuve en Harrogate impartiendo una conferencia en un evento psíquico. Después de mi charla, deambulé por el salón para saludar a los asistentes. Saludé con la cabeza a un hombre con una cámara de aura, que me reconoció y me hizo señas. Estaba tomando una foto del aura de una dama y me dijo que no podía hacer que el color cambiara del rojo. Podía ver la pantalla y, de hecho, su aura era de un rojo implacable. Ella debía de estar muy estresada. Me invitó a sentarme a su lado y sucedió algo asombroso, porque la imagen de su aura cambió a azul y oro.

Aquél fue un momento crucial para mí porque vi claramente frente a mis ojos lo que siempre había sabido: que realmente podemos afectar a otras personas. Habría más revelaciones por venir.

Le dije:

—¿Te gustan los ángeles?

Ella respondió que sí. Le pregunté:

—¿Por qué no llamas a los ángeles y les pides que te toquen?

Inmediatamente, la pantalla brilló mucho más, pero no hubo más cambios.

Entonces, le dije:

—¿Te gustan los unicornios?

Su respuesta fue instantánea y entusiasta:

—Amo a los unicornios.

—Eso es genial –respondí–. ¿Por qué no llamas a uno?

De repente, una esfera de luz blanca pura se formó a un lado de la pantalla y se movió a través de ella hasta que se acurrucó en el cuello de la mujer, justo debajo de su oreja. Evidentemente, era energía de unicornio y todos nos sentimos profundamente afectados.

EJERCICIO: Invocación de un orbe de unicornio

1. Siéntate tranquilamente en una estancia interior o sal a la naturaleza si puedes.
2. Respira en tu corazón y piensa en una persona o animal que amas.

3. Llama mentalmente a los orbes de unicornio y pídeles que te rodeen y te toquen.
4. Permanece abierto al cambio de energía y siente lo que le está sucediendo.
5. Registra tu experiencia en tu diario de unicornio.

CAPÍTULO 27

LOS UNICORNIOS EN NAVIDAD

A menudo he visto una doble fila de unicornios delante de mi coche, muy parecida a la que tira del trineo de Papá Noel. A veces hay ocho en cuatro parejas. En otras ocasiones hay un número impar con uno al frente. Siempre había asumido que estaban protegiendo mi viaje y marcando el camino y, por supuesto, que lo están. Pero siempre me recordaban la Navidad y, debido a que los unicornios llevan la luz de Cristo, están conectados con esa época.

Hace unos años, mientras escribía *The Web of Light*, la tercera entrega de mi trilogía de novelas espirituales, mi guía Kumeka me contó algunos datos sobre la Navidad y me pidió que investigara otros. Fue entonces cuando supe que Jesús, cuyo nombre era Jeshua Ben Joseph hasta que alcanzó el nombre de Jesús y fue lo suficientemente evolucionado para llevar la conciencia de Cristo, realmente nació a finales de la primavera.

Durante siglos, hubo disputas dentro de la Iglesia sobre la fecha de su nacimiento para ser adoptada como oficial. En diferentes zonas su nacimiento se celebraba en cualquier momento entre enero y mayo. En el siglo v d. C., en el Concilio de Roma, los santos padres decretaron que fuera el 25 de diciembre.

Ésta fue una elección muy pragmática y sensata, porque esa fecha que ya se celebraba como una fiesta religiosa en varias civilizaciones antiguas, entre ellas la India, la China, Egipto y México, era el cumpleaños oficial de muchos grandes seres. Algunos de ellos eran conocidos como hijos de Dios, nacidos de una virgen y sus historias incluían una gran estrella que guio a los magos a llevarles regalos.

Algunos de ellos son Isis, Osiris, Horus, Adonis, Hércules y muchos de los grandes Maestros. Los nacimientos de Mitra, el Salvador persa, Sócrates, Esculapio, Baco, Rómulo, Krishna, Buda y Confucio fueron anunciados de esta manera. Además, esta fecha fue elegida por los sabios antiguos porque el 25 de diciembre tiene un significado místico, cuando los portales del cielo se abren levemente y una efusión de energía divina baña el planeta.

Esto significa que entre el 23 y el 26 de diciembre la energía de alta frecuencia está disponible para la humanidad. Está en su apogeo entre la medianoche del 24 de diciembre y la medianoche del 25. En ese momento se puede acceder más fácilmente a la conciencia crística. En esa fecha también llegan más unicornios al planeta para ayudarnos a aprovechar esta ola de luz.

Coincidiendo con la escritura de este libro, un día próximo a la temporada festiva, una vez más, vi la doble fila de unicornios frente a mi coche. Tuve un destello repentino de ellos cruzando el cielo en Navidad y originando la historia de Papá Noel en su trineo tirado por los renos. Más tarde pregunté sobre esto, segura de que los videntes de antaño debían haberlo visto.

Me explicaron que éste era, de hecho, el origen del mito de los renos de Papá Noel que vuelan por el cielo llevando a los niños los regalos de Navidad, aunque los unicornios nunca tiraron de un trineo. Arrastraban energía, lo que se interpretó como un trineo.

En esta época del año cósmicamente importante, cuando los velos son finos, grupos de unicornios responden a las solicitudes de los países y de las comunidades, que quieren hacer cambios por el bien común, y donde la gente está lista para poner energía en los cambios.

Van en grupos porque se necesita la energía combinada de varios unicornios para ayudar a activar estas oraciones.

Orbes blancos

He visto fotografías asombrosas de manadas de unicornios a la deriva por el cielo, que son capturadas como orbes de un blanco puro. Los distantes aparecen como puntitos de luz blanca y brillante, pero, a medida que se acercan, tienen que reducir su energía, ya que es tan pura que sería demasiado intensa para nosotros. Luego, aparecen como un orbe blanco suave o incluso tenue. Si miras una de esas imágenes, captarás su extraordinaria luz. Si te enfocas suavemente en una fotografía de orbes de unicornio durante el período navideño, una ola de su energía fluirá hacia ti.

También es un momento especial para que los unicornios, de manera individual, visiten a personas o familias que tienen una visión del bien superior, y pueden verse como orbes o puntitos de luz en la inmensidad del cielo.

Frecuencias más altas en Navidad y en Año Nuevo

Hace unos años, estuve gravemente enferma, ingresada en el hospital, durante este precioso período navideño. En Nochebuena, los cuidados se prolongaron toda la noche, así que no pude dormir. En las primeras horas de la mañana, estaba completamente despierta, cuando de repente vi la luz de Cristo fluir como una cascada. Fue totalmente asombroso cuando la energía cayó en cascada por las paredes y salpicó la habitación, y entonces supe que estaba inundando las salas y extendiéndose por el hospital. ¡Qué bendición recibí! Sabía que los unicornios estaban allí, trayendo la energía de Cristo para la Navidad. Aunque esta luz entra con más fuerza el día de Navidad y el día de San Esteban, siempre está disponible para nosotros.

EJERCICIO: Invocar la luz de Cristo

Éste es un ejercicio sencillo que puedes realizar en cualquier momento del día.

1. Ponte de pie con los pies ligeramente separados, firmemente apoyados en el suelo.
2. Llama mentalmente a tu unicornio y experimenta su presencia cerca de ti.

3. Abre los brazos al cielo.
4. Luego di o piensa: «Hermoso unicornio, inúndame con la luz de Cristo».
5. Espera mientras ves, sientes, imaginas o sabes que la luz de Cristo está cayendo en cascada sobre ti y a través de ti.
6. Dale las gracias a tu unicornio.

Los unicornios siempre han amado la inocencia, la pureza y la alegría de los niños. Aquellos que vieron el trineo detrás de los renos llevando los regalos a los más pequeños vieron la corriente de amor y pureza fluyendo detrás de los unicornios. Llevaban el don de la conciencia de Cristo y la alegría con la que tocar los corazones humanos.

Otro momento poderoso para pedir ayuda a los unicornios es la víspera de Año Nuevo. Si tu resolución incluye el deseo de ayudar a otros o alumbrar una visión de tu alma, los unicornios responderán. En este momento, apoyan en particular los deseos de los niños.

Puedes realizar la invocación y hacer el ejercicio en cualquier momento, pero recibirás una ola adicional de energía cósmica en Navidad y en Año Nuevo.

Para el siguiente ejercicio necesitarás una vela, papel, bolígrafo y lápices de colores, si es posible. Asegúrate de que la habitación esté limpia y enérgicamente purificada. Lleva a cabo esto último dando palmas en las esquinas o usando cuencos cantores o poniendo música sagrada para romper las vibraciones más bajas.

EJERCICIO: Deseo de unicornio para el Año Nuevo

1. Enciende una vela antes de comenzar.
2. Dobla el papel por la mitad a lo largo, de modo que tenga espacio para dos columnas. Escribe en una mitad «Gracias», y en la otra «Mis deseos».
3. Tómate el tiempo que necesites para decorar tu hoja de papel lo más bellamente posible, dejando espacio para escribir en las dos columnas. Es posible que desees hacer esto en silencio, de modo

que aproveches la oportunidad para pensar en el año que acaba de pasar y concentrarte en el que llega.

4. Cuanta más gratitud alegre ofrezcas por el bien del año pasado, más energía pondrás para algo mejor en el que tienes por delante.
5. Incluso si tuviste un año terrible, busca las chispas de luz y los aprendizajes, luego escríbelos bajo el título «Gracias».
6. A continuación, imagina las cosas más satisfactorias y alegres que te gustaría crear el próximo año. Libera los límites de tu imaginación y recuerda que estas imágenes son los componentes básicos de la creación.
7. Sueña con cosas que sean para el mayor bien de todos y observa los sentimientos de paz, alegría y calidez que hay en tu interior.
8. Sé consciente de que, cuando sirves al Universo y a otros seres vivos desde tu corazón, las recompensas que fluyen hacia ti son inmensas. No te lo imaginas.
9. Anota también lo que quieres crear el año siguiente.

Alimentando a tu unicornio

Por supuesto, los seres espirituales no pueden comer. Sin embargo, pueden absorber la energía de algo que se les ofrezca con amor. Piensa en algo que te guste comer.

Puede ser un poco de chocolate, algo crujiente, una fruta o cualquier alimento que te guste. Colócalo con la intención de ofrecerle amor a tu unicornio. Al día siguiente puede parecer igual, pero el unicornio le habrá quitado la fuerza vital o el prana al aceptar tu energía de intención amorosa y gratitud.

EJERCICIO: Adiós a lo viejo y hola a lo nuevo

1. Primero coloca tu ofrenda de comida para tu unicornio.
2. Di en voz alta: «Doy las gracias al Universo por todo lo bueno que ha llegado a mi vida durante el año pasado». Ahora es el momento de leer tu lista.

3. Di en voz alta: «Dejo ir el año pasado». Gira tres veces en el sentido contrario a las agujas del reloj para liberar lo viejo de una manera poderosamente simbólica.
4. Di en voz alta: «Deseo crear lo siguiente en servicio amoroso y para mi máxima satisfacción». Lee lo que has escrito en la hoja de papel.

EJERCICIO: Invocación

1. Di: «Invoco a los poderosos unicornios de luz para apoyar esta visión y darme fuerza, coraje, amor, dignidad, confianza y autoestima, de modo que pueda derramar mi corazón y mi alma en el próximo año». Haz una pausa mientras sientes su luz blanca a tu alrededor.
2. Di: «Que así sea».
3. Abre los brazos para recibir su bien.
4. Puedes colocar la hoja de papel en tu altar, en un libro espiritual o en algún lugar que puedas ver y consultar constantemente.
5. Debes saber que puedes crear tu alegría y mejorar tu luz en el futuro.

CAPÍTULO 28

LA SANACIÓN DE UNICORNIO

Los unicornios son seres de amor y compasión de séptima dimensión, por lo que, por supuesto, tienen el poder de curar.

Como todos los seres en este plano de existencia, están sujetos a las leyes espirituales de la Tierra. Si tu alma insiste en que experimentas una enfermedad física o mental porque es la única forma en que aprenderás tu lección espiritual, los unicornios deben honrar los dictados de tu alma y hacerse a un lado. En ese momento, el karma está emergiendo para ser explorado y transmutado, por lo que es relativamente raro que un alma rechace la curación.

Los bloqueos en el cuerpo físico son causados por patrones espirituales, mentales y emocionales inútiles, que cristalizan para crear enfermedades. Cuando la causa se disuelve, lo físico se ajusta.

Cuando el pasado se perdona,
se libera y se reemplaza por una comprensión superior
la curación se produce automáticamente.

Tu problema cardíaco puede originarse por la incapacidad de perdonar a alguien en esta vida o por un miedo profundamente reprimido de ser lastimado, que procede de otra vida. La curación de unicornio llena tanto tu corazón de amor y alegría que no queda lugar para el dolor.

La artritis en los hombros puede ser el resultado de toda una vida sintiéndote responsable de los problemas de tu familia y del sentimiento de que dependen de ti. La curación de unicornio disolverá tus creencias sobre ser el responsable. Esto, a su vez, puede darte libertad para dejar que los miembros de tu familia se hagan responsables de sus propias vidas. Como los unicornios dirigen la curación mental o emocional hacia ti, eventualmente, influirán en tu cuerpo físico.

Recuerda, debido a que los seres de luz no pueden contravenir su libre albedrío, debes pedir la curación que necesitas.

Un año, estuve de gira por Estados Unidos. Como cogía un avión diferente cada día, estaba muy preocupada por mis oídos, que sufrían por la presión. Una mañana, en el momento del despegue, empezaron a dolerme.

Pedí ayuda a los unicornios e, inmediatamente, sentí calor sobre mi oreja izquierda, que era la que más me dolía. Entonces, percibí cómo los unicornios vertían energía en mis oídos y un maravilloso resplandor curativo.

En otra ocasión, había estado sentada en la silla del dentista durante una hora y media y podía notar la tensión creciente del dentista. Nadie me explicaba lo que estaba pasando, pero era evidente que algo no iba bien. Sabía que mi ángel me envolvía y también llamé a mi unicornio. Podía sentir que estaba concentrando la energía de su cuerno de luz en las manos del dentista y en mi boca. A pesar de la ayuda de estos dos asombrosos seres de luz, fue una experiencia incómoda. Después, mi ángel y mi unicornio dijeron que habría perdido el diente, que se habría roto durante el tiempo en que permanecí en la silla, si no lo hubieran mantenido firme. Por ello, les estoy realmente agradecida.

Un día estaba hablando con Pearl, quien había asistido a uno de mis talleres. Comentábamos el poder curativo de los unicornios que ambas habíamos tenido el privilegio de experimentar. Pearl me dijo que unas semanas antes estaba absolutamente agotada y, como resultado, se sentía bastante enferma. Se sentó unos momentos para hablar con su unicornio. Inmediatamente, sintió que le enviaba una maravillosa luz lila desde su cuerno. En cuestión de minutos se sintió mucho mejor y revitalizada.

Una señora que trabajaba como sanadora me dijo que era muy consciente de que los unicornios la ayudaban durante las sesiones. A menudo, los veía trabajar con ella y, en una ocasión en particular, su presencia fue muy poderosa. Estaba sanando a una clienta habitual que evidentemente era muy psíquica porque de repente estalló:

—Normalmente estás rodeada de ángeles, pero hoy tienes doce unicornios contigo.

La sanadora se quedó tan asombrada que sólo pudo exclamar con entusiasmo:

—¡Oh! ¡Tú también los ves!

Sanar a los niños

Aparentemente, los unicornios pueden conectarse contigo a través de mi CD de unicornio y proporcionar sanación a tus males. A continuación, te explico una historia increíble que escuché mientras estaba de gira en Sudáfrica.

Una niña de cuatro años quedó totalmente traumatizada al presenciar cómo sus abuelos mayores eran brutalmente golpeados por unos matones que habían irrumpido en su casa. El niño de dos años durmió durante todo el asalto, que duró dos horas, pero la niña lo vio todo y no dejaba de llorar y de pedir:

—Por favor, parad.

La policía no podía entender por qué los asaltantes se habían marchado repentinamente sin siquiera robar nada.

A causa de este suceso, la niña quedó profundamente conmocionada. Un año después, no podía dormir en su propia cama y tenía pesadillas constantes. Sus padres la llevaron a médicos, a psiquiatras, a psicólogos y a curanderos. Nada ayudó. Entonces la madre compró el CD de unicornio.

Se lo llevó a casa y esa noche, cuando acostó a su hija, lo reprodujo. La niña lo escuchó durante un largo rato y luego cayó en su primer sueño profundo desde el día que se había producido el ataque. Todavía insiste en que se lo ponga todas las noches a pesar de que se lo sabe de memoria.

Afortunadamente, ahora duerme bien todas las noches y en su propia cama. Vuelve a ser una niña feliz y segura.

Gracias, unicornios increíbles.

Los unicornios te ayudan a desintoxicarte

Margaret Merrison fue una de las maestras principales de la escuela Diana Cooper y tiene una conexión especial con los unicornios. ¡Dirige una clínica de curación llamada Centro Unicornio! Cuando convoca a los unicornios para que la ayuden en sesiones de curación, siente que varios de ellos trabajan juntos, como un equipo. Me contó que el equipo observa al paciente y decide quién trabajará y dónde: uno en el cuerpo físico, otro en el mental y otro en el emocional.

Una señora que había recibido la curación de unicornio de Margaret dijo que fue al espacio más hermoso y sintió la energía trabajando en su hígado, desintoxicándolo. Otra sintió que los unicornios sacaban hilos de culpa y negatividad del centro de su corazón. Una tercera me dijo que sintió un hormigueo, una energía vibrante, como una corriente chispeante y, luego, sintió como si los unicornios hubieran levantado una carga y se la hubieran quitado. Se sentía más clara y centrada, y su respiración mejoró.

Curación de adicciones

Un día, con motivo del lanzamiento de mi libro *Angel Answers,* me hallaba en Glasgow y una mujer, Kathleen, vino a hablar conmigo. Me comentó que había asistido a uno de mis talleres un año antes cuando les presenté a todos sus unicornios. Me dijo:

—En la meditación para encontrarme con los unicornios, el mío me envolvió como a un bebé y atravesó mi corazón con su cuerno. Me sentí increíblemente segura. Y a partir de ese momento todo cambió. Me deshice de todas las adicciones, de todo; bebida, drogas, cigarrillos, todo. Me abrí a mis dones espirituales. Me volví clarividente y ahora puedo sentir los sentimientos de otras personas.

Ella brillaba con luz y yo pude sentir la presencia de su unicornio a su alrededor.

CAPÍTULO 29

CÓMO HACER UNA SANACIÓN DE UNICORNIO

Tu cuerpo físico está rodeado por una envoltura, que es el equivalente etérico de tu cuerpo. Por lo general, se extiende a tu alrededor unos 2,5 centímetros y éste es el nivel en el que trabajan muchos sanadores. En ese nivel del aura es más fácil sentir que los demás vibran a una frecuencia más alta.

El cuerpo emocional se encuentra entre 7,5 y 15 centímetros más allá del cuerpo. Si el unicornio envía luz desde su cuerno a un bloqueo en el cuerpo emocional, el paciente que está siendo curado puede sentir ganas de llorar o explotar de ira cuando se libera. A veces simplemente se sentirá retenido en un espacio tranquilo y pacífico mientras su energía se purifica. Aproximadamente a 30 centímetros del cuerpo se encuentra el cuerpo mental, que está compuesto por tus formas de pensamiento. Los unicornios pueden enviar luz que atraviesa o disuelve las creencias o los pensamientos enredados que crean problemas.

El cuerpo espiritual se halla más allá del aura mental y, generalmente, lo separa un metro del físico, aunque puede extenderse hasta más de un kilómetro de distancia en personas excepcionalmente evolucionadas.

Un unicornio puede ver dónde está bloqueada la conexión de alguien con Dios o dónde está encadenada a una ilusión que lo está reteniendo, por lo que puede liberarlo.

El proceso de curación también puede funcionar a la inversa. Cuando un unicornio envía luz directamente al cuerpo para disolver un bloqueo físico, las emociones estancadas y las creencias inútiles que lo crearon comienzan a sanar.

Cuando un unicornio le proporciona curación a alguien, permanecerá con él durante algún tiempo, como en el cuidado posterior cuando una persona sale del hospital. ¡El ser luminoso te vigila!

EJERCICIO: Dar curación de unicornio

Al igual que con cualquier otro tipo de curación, asegúrate de que la habitación esté limpia y despejada. Es posible que desees limpiarla tocando un cuenco tibetano o aplaudiendo en todos los rincones.

Prepara el espacio colocando un recipiente con agua cerca del paciente, ya que este elemento psíquico ayuda a que la energía del unicornio se conecte con ambos.

Además, el agua extrae cualquier energía negativa, que puede salir a la superficie para su liberación cuando entra la luz curativa pura del unicornio. Enciende una vela si quieres y pon música suave de fondo. Las flores también ayudan a elevar la luz.

Asegúrate de que te hallas en un espacio bueno y sano.

1. Invita al paciente a sentarse o a acostarse cómodamente.
2. Visualiza una esfera de luz blanca pura rodeándote tanto para protegerte como para elevar tu frecuencia.
3. Junta las manos en la posición de Namasté o de oración. Éste es un mudra sagrado y automáticamente te trae luz. Ofrece una oración en voz alta o mentalmente. Por ejemplo, «En el nombre de Cristo, pido una bendición y la sanación para .... (nombre). Les pido a los unicornios que trabajen a través de mí. Que así sea».
4. Levanta las manos y pídele a la luz del unicornio que las toque. Puedes sentirlas hormigueando o brillando con luz blanca.
5. Imagínate enraizado en la tierra, visualiza las raíces bajando desde tus pies hacia la tierra. Luego, imagínate las raíces de conexión con la tierra bajando desde los pies de tu paciente hacia la tierra.
6. Coloca las manos sobre los hombros del paciente y sintoniza con él.

7. Sigue tu intuición sobre dónde colocar las manos, ya sea en el cuerpo físico o en su aura. Recuerda que esto siempre debe realizarse de manera respetuosa, que debes sentirte honrado por la persona a la que estás curando y que ésta debe sentirse segura.
8. Para terminar, coloca tus manos sobre sus pies para sentir su arraigo a la tierra o colócalas sobre sus hombros y visualízalos firmemente enraizados.
9. Dales las gracias mentalmente a los unicornios.
10. Retrocede y haz un movimiento cortante entre tus *chakras* y los del paciente, de modo que cualquier unión que haya entre ambos se corte.
11. Cuando el paciente abra los ojos, ofrécele un vaso de agua pura.

EJERCICIO: Acariciar tu propia aura o cuerpo etérico

Cuando tienes agujeros en tu aura, que han sido causados por una enfermedad o por pensamientos de miedo o de ira, permites que entre la energía oscura o incluso la enfermedad.

Tomarte unos minutos para acariciar tu cuerpo etérico con manos de unicornio te ayudará a mantener tu aura fuerte y completa. Es una excelente manera de mantenerte sano. Puedes hacer este ejercicio de una forma muy sencilla.

1. Levanta las manos y pídeles a los unicornios que las toquen con su luz.
2. Siéntelas brillando de un blanco puro y prístino.
3. Pásalos por ti aproximadamente a 2,5 centímetros de tu cuerpo físico.
4. Ten en cuenta que puedes sentir calor, frío o sensaciones de hormigueo. El calor indica congestión. El frío sugiere que tienes un agujero en tu aura. Ten especial cuidado al acariciar esas áreas.
5. Cuando hayas terminado, pídeles a los unicornios que dirijan su luz protectora blanca pura a tu alrededor o llama a la luz de Cristo para que te proteja.

EJERCICIO: Acariciar el aura o el cuerpo etérico de otra persona

Para esto, pídele a tu cliente que se siente de lado en una silla, para que puedas alcanzar su espalda fácilmente. También puedes pedirle que se acueste boca arriba y, así, trabajarás de frente. Luego, sugiérele que se dé la vuelta y podrás trabajar sobre su espalda.

1. Sigue los pasos del 1 al 5 anteriores.
2. Comenzando desde su coronilla, pasa las manos aproximadamente a 2,5 centímetros de distancia de su cuerpo físico.
3. Donde sientas energía fría, repite la caricia hasta que el aura se sienta cómoda nuevamente.
4. Cuando sientas congestión, es posible que desees extraer la energía atascada, o bastará con que dejes las manos sobre ese punto y pidas a los unicornios que hagan lo que sea necesario.
5. Cuando hayas terminado, sella su aura con el manto azul de protección del arcángel Miguel o con la luz de Cristo.

EJERCICIO: Sanar el cuerpo emocional

Sigue los pasos anteriores, pero coloca las manos a unos 15 centímetros por encima del cuerpo físico, donde es casi seguro que sientas el cosquilleo del cuerpo emocional.

EJERCICIO: Sanar el cuerpo mental

Sigue los pasos descritos anteriormente, pero coloca las manos en el cuerpo mental, a aproximadamente 30 centímetros del cuerpo físico. Por lo general, éste se siente más liviano y fino que el cuerpo emocional.

EJERCICIO: Sanar el cuerpo espiritual

Sigue los pasos descritos anteriormente, pero ahora coloca las manos en el cuerpo espiritual. Esta vez comienza tan lejos como puedas llegar más allá de la persona con la que estás trabajando y acerca las manos hasta que sientas su aura espiritual. Por lo general, el paciente puede sentir la energía aquí con más fuerza que en los otros dos niveles.

Recordatorio
La intención pura y el corazón abierto son más importantes que la técnica. Sólo puedes hacer el bien.

Al sanar con unicornios,
lo más importante es apartar tu ego del camino
y dejar que ellos hagan el trabajo.

CAPÍTULO 30

LOS UNICORNIOS DE LA ATLÁNTIDA

Atlantis fue un experimento cósmico que duró 260 000 años, la civilización más duradera que jamás haya existido. El continente ascendió y cayó cinco veces. Con el paso del tiempo, la cultura se volvió tecnológicamente más avanzada, pero, como en el plano espiritual era un desastre, acabó desapareciendo. Sin embargo, en el año 20 000 a. C., la Atlántida fue reinstalada por quinta y última vez. Fue entonces cuando surgió la Edad de Oro, un período de 1500 años durante el cual el pueblo creó el Cielo en la Tierra.

Los pobladores de Atlantis (atlantes) vivían de acuerdo con los principios espirituales, mantenían una energía de quinta dimensión y desarrollaron una tecnología de cristal puro muy avanzada, que no dañaba ni al planeta ni a la gente. Era tan asombrosa que, incluso, nuestra tecnología actual parezca infantil comparada con ella.

A lo largo de esta era dorada, los atlantes era muy psíquicos y tenían poderes extraordinarios. Eran clarividentes, clariauditivos, telepáticos y podían transportarse por el aire, teletransportarse, levitar, curar y practicar la telequinesis. La telequinesis es la capacidad de desmaterializar un objeto externo a ti y rematerializarlo en un lugar diferente. En aquellos tiempos, la utilizaba todos los atlantes para mover cosas. Cuando declaraban que se desmaterializaban, se movían a otra ubicación y se volvían a materializar. Además, podían ver a los ángeles y a los unicornios, y comunicarse con ellos.

En esos tiempos felices, los unicornios vagaban por la Atlántida esparciendo su esencia divina, su pureza, su dignidad y su luz. Todos los Atlantis tenían un unicornio designado al igual que tenían un ángel de la guarda.

Hoy en día, la mayoría de las personas se angustian por las decisiones que deben tomar, sin darse cuenta de que el pensamiento todavía silencioso en su mente proviene de su ángel o de su unicornio. Es el susurro de la inspiración, la aspiración, la esperanza, el coraje y el amor.

En la Edad de Oro, la guía de estos seres superiores era clara y directa. Por supuesto, la gente tenía libre albedrío entonces, al igual que ahora, pero todos querían utilizarlo para el crecimiento espiritual y la alineación con lo divino. Así pues, escuchaban a los unicornios. Y los unicornios los escuchaban a ellos.

Debido a que los unicornios están llenos de alegría, son sabios y hermosos, toda la guía que ofrecían era para el mayor deleite y felicidad de las personas para las que trabajaban. Los atlantes lo sabían y estaban llenos de gratitud y de amor.

Como los unicornios y los delfines se originan en el mismo lugar, tienen una relación especial, por lo que a menudo se comunican y juegan juntos. Debido a que a la gente de la Atlántida Dorada le encantaba nadar y divertirse con los delfines, construyeron grandes piscinas para ellos, con el fin de que muchas personas tuvieran acceso a ellos. Naturalmente, las personas les pedían permiso a los delfines antes de transportarlos a las piscinas.

Las grandes criaturas eran conocidas como los sumos sacerdotes y sacerdotisas de los océanos, los guardianes de la sabiduría. Mientras jugaban con la gente, descargaban telepáticamente sabiduría e información seleccionada en sus mentes, lo que hacen incluso hoy en día. A menudo, los unicornios galopaban a lo largo del borde de una piscina o chapoteaban en las suaves olas del océano mientras los delfines corrían y retozaban en las aguas más profundas. Su luz combinada ayudaba a mantener la pureza de los atlantes.

Cuando la energía de la Atlántida se desvaneció y se volvió demasiado densa, los unicornios se retiraron de la Tierra. Regresaron a su planeta natal, Lakumay, y desde allí fueron asignados a ayudar a los seres vivos en otros sistemas estelares donde la energía estaba evolucionando y las formas de vida tenían aspiraciones de ascender. Los unicornios fueron enviados a estos lugares para aumentar la frecuencia y ayudar a los habitantes a mantener sus visiones.

Eras anteriores de la Atlántida

En cada una de las eras anteriores de la Atlántida, hubo extremos de oscuridad y luz. Un grupo estaba formado por los Hijos de Belial, que eran materialistas y buscaban el placer sensual. Éstos estaban en conflicto con los Hijos de la Ley de la Unidad, quienes dedicaban sus vidas al conocimiento espiritual y se enfocaban en la unidad.

Durante todo este tiempo, los unicornios buscaban y ayudaban a aquellos cuya luz era brillante. Por ejemplo, en la Atlántida temprana, las sacerdotisas del Templo de María eran muy conscientes de la pureza y del poder de la energía del unicornio. La propia María siempre aparecía con su unicornio a su lado.

Recuperar la Atlántida Dorada

Por fin, la frecuencia en la Tierra ha aumentado lo suficiente como para que regrese la energía de la Atlántida Dorada. Debido a esto, los Ángeles de la Atlántida, aquellos que fueron ángeles de la guarda de los atlantes y que llevan la sabiduría de la Atlántida, en la actualidad, están regresando para buscar a aquellos humanos que son lo suficientemente puros y dedicados para trabajar con ellos. Estos ángeles poseen, ahora, la misma vibración que nuestros arcángeles. Y en los últimos años, los unicornios se han acercado una vez más a la Tierra a medida que las personas han comenzado a evolucionar nuevamente. Muchos individuos y grupos irradian hoy auras lo suficientemente brillantes como para atraer a los unicornios.

Si este capítulo te interesa especialmente, significa que te encarnaste en la Atlántida Dorada y puedes estar preparado para conectarte una vez más con el unicornio que conociste en esos tiempos. Por supuesto, es posible que ya hayas realizado la conexión.

Una vida pasada en la Atlántida con un unicornio

Una dama me contó esta historia después de un taller que impartí sobre la Atlántida donde todos pasamos a una vida anterior. Me contó que en una vida allí, su unicornio se le acercó cuando era una niña. Incluso siendo tan pequeña, un monje del templo la rechazó, acusándola de ser la hija de una bruja y diciéndole que el templo no era un lugar para ella.

En esa vida, su unicornio la salvó y la guio. Más tarde, se convirtió en una hermosa joven con el pelo rubio rojizo ardiente y su unicornio luchó con ella contra los hipócritas del templo hasta que murió en la pelea.

En otra vida volvió a ser una mujer joven, esta vez con tres unicornios, uno blanco, uno negro y el tercero lila.

Agregó que en esta vida se ha sentido atraída por los unicornios desde que era una niña, pero nunca había comprendido por qué. Se despertaba por la mañana, saludaba a la hierba, a las flores, a los árboles, a las plantas, al cielo, etc. y la gente pensaba que estaba loca. Sus unicornios también la han guiado a lo largo de esta vida, ayudándola en la toma de decisiones y en los desafíos vitales.

Recordar una vida en la Atlántida

Debido a que, si estás interesado en este capítulo, habrás tenido una encarnación en la Atlántida, puede ser útil regresar a una vida pasada allí para recordar quién eres realmente. Es posible que desees recordar tus dones, volver a experimentar la paz y la tranquilidad, descubrir quién eras o qué hiciste, establecer una conexión más profunda con el unicornio o con el ángel que tenías entonces, conocer a los sacerdotes o sacerdotisas o, incluso, a los sumos sacerdotes o sacerdotisas, o bien hacer algo completamente diferente.

Si deseas sostener un cristal, cárgalo con tu intención antes de comenzar tu viaje.

EJERCICIO: Visualización para regresar con tu unicornio a la Atlántida

1. Busca un lugar donde puedas estar tranquilo y sereno.
2. Prepara tu espacio encendiendo una vela o lo que te parezca adecuado.
3. Asegúrate de poder sentarte o acostarte cómodamente.
4. Pídele al arcángel Miguel que coloque su manto de protección azul profundo a tu alrededor.
5. Visualiza raíces doradas que te anclan a la tierra.
6. Cierra los ojos e imagina que estás junto a una hermosa cascada en un día caluroso y soleado. Siente el rocío.
7. Invoca a tu unicornio y espera a que se acerque a ti.
8. Salúdalo y agradécele que haya acudido a tu encuentro. Dile que te gustaría que te llevara de regreso a una de tus vidas en la Atlántida Dorada y la razón por la que quieres ir allí.
9. Cabalga en su grupa hacia el arcoíris sobre la cascada y vuela de regreso sobre el puente del arcoíris hasta una entrada dorada.
10. Baja de tu unicornio y abre la puerta.
11. A medida que avanzas, te encuentras en la Atlántida, con un cuerpo diferente, con ropa diferente. Notas lo que llevas en los pies. Sientes tu túnica y eres consciente del color. ¿Qué cristal llevas puesto? ¿Eres hombre o mujer?
12. Mira el campo a tu alrededor. ¿Puedes ver algunos edificios? ¿Gente? ¿Animales? ¿Qué aspecto tiene todo?
13. Deja que tu unicornio te lleve a la experiencia que pediste. Tómate el tiempo que necesites.
14. Cuando estés listo, dile mentalmente a tu unicornio lo que has aprendido.
15. Permítele abrir una puerta en tu tercer ojo con su cuerno de luz. Dale las gracias.
16. Regresa al tiempo presente y al lugar donde comenzaste. Eres exactamente igual que al principio, excepto que tu conciencia se ha expandido.
17. Abre los ojos, estírate y asegúrate de estar conectado a la tierra.
18. Registra en tu diario de unicornio todas las experiencias vividas.

CAPÍTULO 31

LOS UNICORNIOS Y LOS CRISTALES

Uno de los factores que hizo que la Atlántida fuera tan extraordinaria y única fue la comprensión de los cristales por parte de los atlantes. Reconocieron que los cristales tienen una conciencia y una energía que se pueden aprovechar y utilizar. Muchos de los que eran adeptos al cristal se han reencarnado para recuperar su conocimiento especial.

Puedes coger un cristal de cuarzo, luego limpiarlo, cargarlo y dedicarlo a tu trabajo con energía de unicornio. Puedes limpiar tu cristal de muchas maneras: tocando un cuenco cantor sobre él, cantando el «om» sagrado, lavándolo con agua, poniéndolo en arroz crudo o soplándolo. Puedes cargarlo con sonido dedicado al espíritu o con cánticos, colocándolo junto a una cascada o en algún otro lugar energético o dejándolo a la luz de la luna.

EJERCICIO: Dedicar un cristal

Establecer la intención es importante. A algunas personas les gusta llevar el cristal al tercer ojo para hacerlo. Aquí te sugiero algunas dedicatorias que podrías llevar a cabo.

Di las palabras: «Dedico (o tengo la intención de dedicar) este cristal a:

1. Conectarme con mi unicornio.
2. Utilizar la energía del unicornio para abrir mi corazón.

3. Enviar la curación de unicornio a otros.
4. Energizar mi jardín de unicornios.
5. Purificar mis doce *chakras* con luz de unicornio.

Por supuesto, puedes realizar cualquier dedicación o intención que desees siempre que sea por la luz.

Puedes colocar tu cristal en tu altar o llevarlo contigo. Trabajará para ti a un nivel energético para lograr tu visión.

Un altar de cristal de unicornio

Un altar es un lugar sagrado, dedicado al espíritu, y se convierte en un lugar de poder si se mantiene la intención y la pureza. Incluso un pequeño altar, puesto en un estante o en una mesa pequeña, puede irradiar una enorme energía de alta frecuencia.

Cuando colocas tu cristal en un altar dedicado, el poder se multiplica enormemente.

EJERCICIO: Hacer un altar de cristal de unicornio

1. Busca un lugar, por pequeño que sea, que utilizarás exclusivamente para este propósito. Es posible que desees colocarle un paño especial, tal vez uno dorado o blanco o una tela de terciopelo.
2. Los cuatro elementos, fuego, tierra, aire y agua, representados por una vela, un cristal, una pluma y un cuenco de agua o jarrón de flores, añaden energía.
3. Bendice cualquier objeto que te guste, como un caparazón, una foto o una imagen de un Maestro Ascendido, y colócalo en el altar.

El poder de una limpieza de los cristales de unicornio

Puedes utilizar un cristal cargado con energía de unicornio de muchas maneras para purificar o despejar un lugar. Conozco a alguien que vivía en un callejón sin salida donde se estaban rompiendo varios matrimonios y se habían producido actos de violencia. Por este motivo, cargó un cristal con energía de unicornio y lo colocó en un mapa de su área, en su calle. El efecto fue inminente: no sólo descendieron las separaciones, sino que también algunas parejas volvieron a juntarse.

Cuando trabajes con unicornios, debes saber que la luz de Cristo reemplazará al instante cualquier energía negativa que haya sido eliminada.

EJERCICIO: Cómo hacer una limpieza de cristales de unicornio

Coge tu cristal limpio y cargado. Sostenlo en las manos o llévalo hasta tu tercer ojo y establece esta intención: «Invoco a los unicornios para que trabajen con este cristal para limpiar y purificar a esta persona (nombre) o lugar (nombre)».

Coloca el cristal en una foto de la persona en cuestión, o basta con escribir su nombre en un papel si no tienes una fotografía suya.

También puedes colocarlo sobre un mapa, en el centro del área que deseas limpiar. O puedes utilizar una foto de la casa de la persona implicada. Haz un dibujo de la casa o escribe la dirección si no tienes una fotografía.

Ponlo en un mapa del mundo en un lugar problemático o escribe el nombre del lugar en una hoja de papel.

Si un río o mar determinado necesita ser limpiado, escribe el nombre del océano o río y coloca encima tu cristal dedicado o ponlo de manera apropiada y con intención en un mapa.

EJERCICIO: Curación de cristal de unicornio

Asegúrate de que la habitación esté limpia y ordenada. Coloca un recipiente con agua cerca de tu cliente. Enciende una vela, pon música suave de fondo y reparte algunas flores por la habitación. Todas o algunas de estas cosas ayudarán a la energía.

1. Invita a tu cliente a sentarse o a acostarse cómodamente.
2. Visualiza una esfera de luz blanca pura rodeándote tanto para protegerte como para elevar tu frecuencia.
3. Coloca en tu cristal limpio y cargado la intención de que los unicornios trabajen con él para curar a tu cliente.
4. Imagínate raíces extendiéndose desde tus pies hacia la tierra. Luego, visualiza que las raíces descienden desde los pies de tu cliente hasta la tierra.
5. Sigue tu intuición sobre dónde colocar el cristal en el aura de tu cliente.
6. Cuando termines, asegúrate de que las raíces aún estén conectadas a la tierra.
7. Dales las gracias mentalmente a los unicornios.
8. Retrocede y haz un movimiento cortante entre tus *chakras* y los de tu cliente, de modo que cualquier unión entre ambos se corte.
9. Al abrir los ojos, ofrece a tu cliente un vaso de agua pura.

EJERCICIO: Curación de cristal de unicornio para una persona ausente

Haz este ejercicio exactamente de la misma manera que una limpieza de cristal de unicornio, excepto por la intención que pondrás en el cristal: lo dedicarás a la curación. Como antes, puedes colocar una foto de una persona debajo del cristal o escribir su nombre. Puedes escribir el órgano en el que deseas que se concentre la curación. Pero nunca especifiques la enfermedad, ya que eso la energizará. Recuerda escribir tus experiencias en tu diario de unicornios.

CAPÍTULO 32

EL SERVICIO PLANETARIO

Si alguna vez te has inscrito consciente o inconscientemente para ser un embajador planetario de la Tierra, uno de esos que visita otros planos de la existencia, tienes un trabajo emocionante que hacer. Este capítulo puede ayudarte. Si sientes que no es tu camino, o piensas que es peculiar o que es directamente una locura, sáltatelo.

Hay muchas dimensiones y planos de la existencia que se interconectan, así como miles de galaxias, algunas con formas de vida en ellas. Hay quienes están mucho más evolucionados, espiritual o tecnológicamente que nosotros, y los hay más atrasados. Algunos necesitan mucha ayuda; otros, en cambio, nos ofrecen su ayuda.

Cuando le pides a tu unicornio que te lleve a un lugar en tu meditación o en tu sueño donde puedas ser útil, es posible que te encuentres en un lugar que te resulte desconocido. Los seres que lo habitan pueden tener un aspecto muy diferente al de los seres humanos. No es nuestra tarea juzgar o cuestionar, nuestra misión es tan sólo servir.

Ningún unicornio te llevaría a un lugar demasiado denso o peligroso como para que no puedas manejarte en él. Sin embargo, al igual que con todo trabajo espiritual, debes usar un manto de protección y hacer una declaración clara de que sólo deseas trabajar con y para la luz de Cristo. No es suficiente decir que únicamente deseas trabajar con y para la luz, ya que hay muchos niveles, algunos de los cuales son muy tenues. Pedir la luz de Cristo te mantendrá muy seguro.

Recuerda que ésta no es una operación física. Tiene una dimensión superior y funciona con el poder del pensamiento.

Por ejemplo, podrías pedir llevar flores a un lugar que necesitara ser iluminado por su frecuencia. Las flores poseen energía curativa y de apertura del corazón. También elevan el nivel vibratorio dondequiera que se encuentren.

Quiero compartir contigo una de mis meditaciones. Léela como una metáfora, como un cuento, como una imaginación o como quieras. Si comprendes el funcionamiento del Universo, léelo tal como está. Realmente no importa, porque cada imagen tiene poder de creación y tus pensamientos afectan a todo el Universo. Por eso las imaginaciones y los viajes positivos pueden transformar el mundo.

Mi meditación

Cerré los ojos y me relajé. Luego me concentré en mi respiración, permitiendo que el amor entrara y fluyera la paz.

Primero, me puse mi capa de protección para viajar, y luego invoqué a mi unicornio, que apareció a mi lado. Le pedí que me llevara a algún lugar donde pudiera ser útil y le dije que me gustaría llevar conmigo la energía de las flores. Cuando asintió con la cabeza, elegí un montón de campanillas azules y blancas. Luego, en el último minuto, agregué narcisos. Olían de maravilla.

Le pregunté a mi unicornio si podía montarlo y me dio permiso. Entonces, mi ángel de la guarda intervino y quiso acompañarnos. Salté sobre mi unicornio. Mi ángel se sentó detrás de mí, envolviéndome con sus alas y haciéndome sentir muy cómoda. Esto no era necesario, por supuesto, ya que él puede moverse a cualquier parte, ¡sin necesidad de montar en el unicornio! De hecho, tanto mi espíritu como el tuyo pueden hacerlo porque no están encerrados en una envoltura física sujeta a la gravedad.

Volamos por el aire, lo que me pareció estimulante. Luego vi debajo un pequeño planeta que estaba rodeado por una niebla gris, pero había un rayo de luz rosa que atravesaba la nube. El unicornio se quedó atrás mientras mi ángel de la guarda y yo nos desplazamos flotando a lo largo del amplio haz de luz de color rosa pálido hacia el nuevo planeta. Nos recibieron unos seres de aspecto extraño, bajos, de piel gris, rasgos afilados y manos como garras. Todos permanecían atentos a un niño tumbado en el suelo, con aspecto de estar muy enfermo. Parecía que adoraban a ese pequeño y por eso se había despertado en ellos amor y compasión. Sus corazones comenzaron a abrirse y una luz rosada brotaba de cada centro del corazón. Ésta fue la luz rosada que vimos, que había penetrado en la nube gris del cielo y se extendía hacia el Universo, pidiendo ayuda. Fue a esto a lo que aparentemente había respondido el unicornio.

Le di al niño enfermo el ramo de flores, y el efecto fue instantáneo y sorprendente. Se sentó y se rio. La esencia de las flores había tocado su alma, por lo que su deseo de muerte se transformó en fuerza vital. La gente vio esto y se rio también. Sus corazones se expandieron repentinamente y la luz rosada se convirtió en una amplia columna de energía. Era brillante, clara y atrayente. Entonces, el unicornio pudo entrar en la frecuencia más alta y llegó hasta nosotros.

Aquellos seres se sorprendieron de la presencia de mi ángel, el cual había escondido su luz bajo un manto, aunque se veía que brillaba intensamente. Y, cuando mi unicornio llegó con toda su resplandeciente magnificencia y gloria, retrocedieron casi cegados.

El unicornio arrojó estrellas de luz y perlas procedentes de su cuerno, que cayeron sobre ellos como lluvia. Mientras las reunían maravillados, nos retiramos en silencio.

Decidí volver otro día para ver cómo estaban. Tres meses después, mi unicornio, mi ángel y yo regresamos. Esta vez tomé cuatro brotes de rosales: uno de rosas doradas para mi ángel, uno de blancas para mi unicornio, uno de rosas rosas para el amor que quería aportar y uno de rojas para la energía y la vitalidad.

En esa ocasión, las nubes grises habían retrocedido. La niebla sólo se concentraba en pequeñas zonas.

Cuando aterrizamos, los mismos habitantes corrieron a saludarnos. Al frente avanzaba un niño sonriente con ojos brillantes y mejillas rosadas. La piel de todos ellos era mucho menos gris y noté que su carne se había fortalecido y sus garras se habían abierto porque la energía de su corazón fluía hacia ellas: se habían convertido en manos.

Les di las rosas y les expliqué telepáticamente para qué eran. Parecieron entenderlo y les mostré cómo plantarlas y cuidarlas. Por supuesto, las rosas no podrían contar con los nutrientes que la Tierra les ofrece, pero ahora poseían grandes cantidades de amor y atención, el mejor nutriente de todos.

Sonreía mientras el unicornio me traía de regreso. Cuando les di las gracias a él y a mi ángel, tuve una sensación de deber cumplido y me sentía muy feliz cuando abrí los ojos.

Éste fue sólo uno de mis muchos viajes y, si deseas entrar al servicio intergaláctico, puedes seguir estos sencillos pasos y hacer tu propio trabajo.

Recuerda que, si alguna vez te sientes asustado o amenazado, bastará con que abras los ojos y hagas algo que te conecte a la tierra, como lavar los platos o prepararte una taza de té. Puede que nunca tengas la idea exacta del bien que has hecho.

EJERCICIO: Pasos para entrar en el servicio planetario

1. Piensa durante unos momentos dónde te gustaría ir. O tal vez prefieras que tu unicornio te lleve a un lugar que necesite tu energía.
2. Prepara tu espacio. Siéntate cómodamente y cierra los ojos.
3. Relájate.
4. Ponte tu manto de protección.
5. Invita a tu unicornio a tu espacio interior.
6. Dile adónde quieres ir o pídele que te lleve a donde te necesiten.
7. Si está de acuerdo, puedes viajar en su grupa.
8. Recuerda que puedes invitar a tu ángel de la guarda a unirse a vosotros.
9. Deja que te lleve a través de los éteres hasta el lugar donde hay trabajo para ti.
10. Haz lo que sea necesario.
11. Puedes consultar con tu ángel o con tu unicornio o bien pedirles su ayuda.
12. Cuando hayas terminado, regresa al lugar donde comenzaste.

13. Da las gracias a tu unicornio y a tu ángel.
14. Abre los ojos y asegúrate de estar conectado a la tierra.

Si quieres volver para comprobar cómo va el trabajo, repite el proceso y pídele a tu unicornio que te lleve hasta allí. Si estás interesado en el servicio planetario, es útil encender una vela todos los días y dedicarla al progreso de tu trabajo planetario.

CAPÍTULO 33

LA APERTURA DEL CORAZÓN

Ahora estamos entrando en la era de lo Divino Femenino en la que, para progresar espiritualmente, necesitamos abrir nuestros corazones. Tu unicornio puede ayudarte a hacerlo, y así, cuando estés fluyendo con amor, podrá trabajar contigo mucho más fácilmente.

Muchos de nosotros hemos aprendido que es más seguro racionalizar, intelectualizar y reflexionar. Un libro no suele saltar y morder, por lo que no te lastima cuando trata de cosas lógicas del hemisferio izquierdo del cerebro. Sin embargo, tampoco las vives realmente. Te pierdes gran parte de la magia del amor. Abrir el corazón es una de las claves para la abundancia, para fotografiar orbes, para comunicarte con los animales y para recibir más amor y felicidad.

Hay ciertas cosas que sólo puedes hacer con el corazón abierto y son increíblemente enriquecedoras y gratificantes. Por ejemplo, es casi imposible mantener el corazón cerrado cuando juegas con un gatito o con cualquier cachorro.

Chapotear en un río en un día soleado con un niño riendo te garantiza la apertura del *chakra* del corazón, al igual que escalar una montaña para contemplar una magnífica puesta de sol. Desafortunadamente, cuando regresas al mundo cotidiano, puede volver a cerrarse con facilidad.

Sin embargo, hay otras maneras de despejar, limpiar, desbloquear y abrir tu corazón a un nivel muy profundo. Éstas son algunas de ellas.

EJERCICIO: Apertura de corazón con cuarzo rosa

Necesitarás otra persona con quien hacer este ejercicio y un cristal de cuarzo rosa limpio y cargado dedicado a la sanación. Puedes sentir los unicornios a tu alrededor mientras trabajas con tu cristal.

1. Levanta tu cuarzo rosa y pide a los unicornios que lo bendigan. Expresa tu intención de abrir y sanar el centro del corazón de tu pareja.
2. Gira el cristal en sentido contrario a las agujas del reloj sobre el pecho o el centro del corazón de tu pareja, extrayendo el dolor, el miedo, el dolor y todos los sentimientos atascados de esta y otras vidas.
3. Levanta el cristal e invoca la llama Violeta Dorada y Plateada para transmutar cualquier negatividad que hayas extraído.
4. Luego, gira el cuarzo rosa en el sentido de las agujas del reloj sobre el *chakra* del corazón de tu pareja, poniendo en ello amor, esperanza, felicidad, sanación, empatía, compasión y alegría.

NOTA: Si haces este ejercicio de apertura del corazón en ti mismo, deberás invertir los movimientos, es decir, girar el cristal en el sentido de las agujas del reloj para sacar las emociones y, en el sentido contrario a las agujas del reloj, para poner la luz.

EJERCICIO: Apertura del corazón con rosas

Éste es un ejercicio hermoso y, si eres una persona sensible, sentirás una emoción increíble en el centro del corazón cuando se abra la rosa en el *chakra* de tu corazón. Tanto el donante como el receptor se benefician de este ejercicio.

Es más fácil hacerlo con un compañero, pero si no tienes a nadie con quien trabajar, practica tú solo. Si vas a abrir tu rosa solo, puede que te guste mirarte en un espejo. Tanto si lo haces solo como acompañado, asegúrate de llamar a los unicornios y pedirles que te ayuden.

1. Imagina que una rosa comienza a abrirse en el *chakra* del corazón de tu pareja, en la parte media baja de su pecho.
2. Experimenta, siente el color de la rosa.
3. Tu tarea consiste en abrir los pétalos con suavidad. Siente cada pétalo mientras lo abres con el dedo índice y, si no puedes sentirlo, imagínate cómo se abre progresivamente.
4. Es posible que debas abrir con mucho cuidado con el dedo meñique los delicados pétalos del centro.
5. Mientras lo haces, puedes intuir o ver que hay un insecto escondido debajo de un pétalo. Sácalo y pídele al unicornio que lo transmute con la luz de su cuerno.
6. Puedes sentir que hay una perla, o un diamante, o una gota de rocío, o tal vez algo muy especial anidado entre los pétalos.
7. Pídele a tu unicornio que derrame luz desde su cuerno hasta el centro de la rosa abierta.

NOTA: Puedes hacer tu propia interpretación sobre cualquier cosa que descubras en la rosa, pero considera estas sugerencias:

- Una perla a menudo significa sabiduría obtenida a través de desafíos.
- Un diamante puede referirse a una hermosa relación, a una situación o a un proyecto nuevo que llegue a tu vida. También podría sugerir una nueva claridad sobre una idea que resultará en algo bueno y duradero.
- Una gota de rocío indicaría que surgen nuevas emociones o sentimientos que mejorarán tu vida.

Una vez estaba impartiendo este ejercicio en un taller cuando uno de los participantes gritó:

—¡He encontrado un gusano!

Y de inmediato lo tiró al suelo y lo pisoteó. ¡Esto no es del todo apropiado! Es mucho mejor enviar todo lo que encuentres a la luz.

EJERCICIO: Intuición del corazón

Necesitarás tres o más personas para este primer ejercicio.

Versión 1

1. Una persona sale de la habitación y las demás eligen a un voluntario.
2. Acarician la rosa del corazón del voluntario como se ha indicado más arriba.
3. Cuando está completamente abierta, llaman a la habitación a la persona que se ha ido.
4. Esta persona debe sentir o intuir de quién es el centro del corazón que se ha abierto. Pueden sentir la energía sobre los centros del corazón con sus manos.

Versión 2

1. La persona que sale de la habitación siente la energía sobre los *chakras* del corazón de los que están en la habitación. Pasa la mano a aproximadamente 2,5 centímetros por encima del pecho.
2. Luego sale de la habitación.
3. Quienes se quedan acarician la rosa abierta del corazón de un voluntario.
4. Luego llaman a la persona para que regrese a la habitación.
5. Ésta siente el aura del corazón de cada persona para detectar quién ha cambiado.

Versión 3

Ésta es una versión simplificada del ejercicio de intuición del corazón. En lugar de abrir la rosa acariciando los pétalos, concéntrate en el centro del corazón del voluntario y pide a los unicornios que derramen amor en él.

Fíjate si la persona que ha salido de la habitación puede decir quién ha sido tocado por los unicornios.

EJERCICIO: Grupo «Maah»

Ésta es una maravillosa manera de abrir corazones, especialmente cuando invocas a los unicornios para que estén contigo.

1. Si estás solo, respira profundamente, luego levanta los brazos y canta «maah» desde el centro de tu corazón durante el tiempo que creas necesario.
2. Si sois dos o más personas, cogeos de las manos, respirad profundamente, levantad los brazos juntos y cantad «maah» desde el centro de vuestros corazones durante el tiempo que creáis necesario.
3. Mientras lo hacéis, sentid que los unicornios vierten la energía de sus cuernos en el *chakra* de vuestros corazones.

EJERCICIO: Mirar en el alma de alguien

Deberás hacer este ejercicio con otra persona.

1. Frota suave y delicadamente el centro del corazón de tu pareja para energizarla.
2. Coloca tu mano sobre su pecho y mírala a los ojos. Ahora estás mirando dentro de su alma.
3. Di en voz alta o envía telepáticamente el mensaje «Te amo» tres veces. Si esto te resulta demasiado difícil, tal vez prefiera decir: «Veo tu belleza» o «Te acepto tal como eres».
4. Cuando hayáis terminado, es el turno de la otra persona.

En familias o grupos, este ejercicio puede aportar nuevos conocimientos, armonía y cooperación.

A veces, las personas se quedan asombradas por la sabiduría y el amor que sienten en el alma de sus amigos.

EJERCICIO: Mirar dentro de tu propia alma

Si estás haciendo esto solo, necesitarás un espejo para ver la verdadera magnificencia de la energía de tu propia alma.

1. Frota el centro de tu corazón para energizarlo.
2. Con la mano en el centro de tu corazón, mírate a los ojos en el espejo y di en voz alta o piensa «Te amo» tres veces. Si esto te resulta demasiado difícil, tal vez prefieras decir: «Veo tu belleza» o «Te acepto tal como eres».
3. Observa cómo reaccionas. ¿Cómo te sientes?
4. Puedes tener la sensación de que tu unicornio está detrás de ti o verlo en el espejo.

Todos estos ejercicios de apertura del corazón y expansión del alma desarrollan empatía y permiten que tu conexión con tu unicornio se convierta en un punto de unión más fuerte.

CAPÍTULO 34

LOS PORTALES PARA UNICORNIOS

Hay lugares donde los velos entre los mundos son muy tenues y aquí se crean puertas por donde los seres superiores acceden a nuestro planeta con mayor facilidad. Estos portales se encuentran, naturalmente, en lugares hermosos o puntos de poder, como las cimas de las montañas o las grandes cascadas. Pero los seres humanos también pueden convertir sus jardines o casas en portales de ángeles o de unicornios, o bien de ambos.

Cuando los unicornios vuelan sobre el mundo, ven las energías que se elevan desde todas las casas. Algunas casas tienen un hongo de energía oscura flotando sobre ellas. Muchas están rodeadas por una nube gris. De vez en cuando, los unicornios se regocijan porque un rayo de luz hermosa, clara y acogedora se eleva desde un edificio. Saben que las personas que viven allí están en armonía y envían amor y paz al mundo. Esto puede convertirse en un portal si estas personas invitan a los ángeles y los unicornios a usarlo. Para ello, por supuesto sus habitantes deben mantener su casa limpia, llenarla de cuencos cantores, incienso, amor, risas, oración, meditación y prácticas espirituales.

A veces, se crea un portal de luz cerca de un lugar oscuro, como una comisaría de policía, una prisión o un campamento militar. Entonces, los unicornios están especialmente contentos, por dos razones. El trabajador de la luz, a nivel espiritual, se ha ofrecido a vivir allí para ayudar a traer luz al área. En segundo lugar, permite que las energías superiores fluyan y ayuden a equilibrar parte de la agresión allí acumulada.

A veces, hay colores oscuros que emanan de una casa o incluso de una fábrica o de un edificio de oficinas. Pero, a menudo, hay una persona en su interior que es pura. Sus oraciones o tan sólo su luz pueden enviar un rayo de color puro a través de todas las nubes de energía negativa. Si es posible, un unicornio entrará por este haz de luz para ayudar a esa persona. Por lo general, el ser de luz sólo retendrá la energía de esa persona, brindándole esperanza y fortaleciendo su visión. Y a veces esto será suficiente para tocar también a otros. Ese único individuo de luz se ha convertido en un portal. Con frecuencia, su cama, escritorio o silla favorita se convierten en la puerta de entrada.

La oscuridad que muestran algunos hogares se genera habitualmente por la ignorancia exacerbada por la vibración de la televisión que derrama historias de telenovelas, malas noticias y películas violentas. En estos casos, realmente, resulta de gran ayuda que los trabajadores de la luz envíen luz a la situación. Los unicornios tomarán todas las oraciones apropiadas y las usarán para avivar cualquier chispa de esperanza y mantenerla con vida en un lugar tan oscuro. A veces, un unicornio puede hacer algo tan insignificante como empujar al miembro de la familia con la energía más brillante a comprar un ramo de flores o un libro espiritual para iluminar el lugar. Y lo mismo se aplica a los edificios de oficinas o a cualquier sitio donde se reúnan las personas.

Sin embargo, los unicornios sólo pueden traer la energía más brillante si hay una persona pura en el edificio. Los ángeles son más capaces de reducir su frecuencia para entrar en esos lugares. Su amor es extraordinario, pero hay muchos espacios a los que ni siquiera ellos pueden acceder.

Por ejemplo, muchas cárceles son pozos negros de energía, donde las personas no tienen esperanza ni gracia. Es muy importante que envíes tus oraciones allí, formando chispas, que algún día pueden crecer hasta crear una gran llama.

Los seres espirituales superiores
nos recuerdan una y otra vez
que la Tierra no puede ascender
hasta que todos los humanos
estén listos para iluminarse.

Hay símbolos que se pueden enviar para ayudar a las personas en todas partes. Algunos de estos son: palomas, arcoíris, estrellas, cruces de luz, plumas, banderas de la paz o margaritas. Imagina uno de estos símbolos y colócalo donde se necesite. La persona hundida, desesperada, en lucha continua o perdida lo sentirá en algún nivel y recibirá consuelo.

Nunca se desperdicia ninguna oración o símbolo de buena voluntad. Todo es utilizado por los grandes seres de luz.

Convertir tu hogar en un portal de luz

La buena voluntad, las prácticas espirituales y la intención pura pueden convertir tu hogar en un portal de luz a través del cual pueden entrar los ángeles y los unicornios. Crear algo de esta naturaleza es maravilloso y muy gratificante.

Todo lo que eleve tu frecuencia elevará, también, la de tu hogar. Así pues, oraciones por el mundo, meditación, invocaciones, dedicación de velas a un propósito superior, cantar himnos o *bahjans*, practicar yoga, ver películas y leer libros espirituales y hablar de ángeles, unicornios y Maestros iluminará cada una de las habitaciones.

Por supuesto, la música hermosa tiene el poder de elevar la frecuencia de un lugar. ¡Imagina los ángeles y los unicornios que llegan cuando tocas gongs o pones de fondo cantos gregorianos!

Coloca una cúpula de luz sobre tu casa por la noche y convoca a los ángeles, los arcángeles y los unicornios. Es posible que tengas la sensación de que acuden en masa para protegerte y traerte amor y luz. Vivir en un hogar así es una manera maravillosa de mantener a la familia feliz y segura.

CAPÍTULO 35

EL SIMBOLISMO

Los símbolos son una expresión de algo poderoso y significativo. Por ejemplo, un anillo que se lleva en el dedo índice de la mano izquierda en ciertas culturas representa la unión, el compromiso, la fidelidad, el amor y muchas otras cualidades propias del matrimonio. Un diamante es la concretización de la energía del arcángel Gabriel en forma física y contiene sus atributos de pureza, sencillez, luz, eternidad y alegría. Es un símbolo con una fuerza invisible que posee un significado que transciende su forma. Como tal, los símbolos son llaves que abren puertas en nuestra conciencia.

Mientras que algunos son universales y contienen energía cósmica, otros pueden ser personales. Puedes crear los tuyos propios e imbuirlos de fuerza y vitalidad. Así se convertirán en llaves para ti.

Bodas

El blanco simboliza la pureza, uno de los grandes atributos de los unicornios. El vestido blanco indica la castidad de la novia, pero alude más a la pureza de su corazón. Su velo blanco también retrata la inocencia y la luz de lo Divino Femenino.

En la India, donde la novia va ricamente vestida de rojo, se acostumbra a llevarla a la ceremonia en un caballo blanco.

El león y el unicornio

En 1603, cuando la reina Isabel I murió sin heredero, fue sucedida por Jacobo VI de Escocia. En ese momento, el escudo de armas escocés tenía representados dos unicornios, mientras que en el inglés aparecía un león. El león y el unicornio eran considerados enemigos, lo cual es interesante ya que el león representa al macho y el unicornio a la hembra. Sin embargo, ambos eran considerados reyes de los animales. El león con su energía masculina gobernaba a través de la fuerza, el poder y el valor. El unicornio, con su energía femenina, presidía con armonía.

Cuando se diseñó el nuevo escudo de armas, en un gesto discreto y sensato, el rey Jacobo colocó el león a la izquierda y el unicornio a la derecha. Este gesto simbolizó la reconciliación entre Escocia e Inglaterra, una fusión de sus fortalezas y, por supuesto, el equilibrio de las energías masculina y femenina.

La rosa y el lirio

Son las dos flores de frecuencia más alta del planeta. Originalmente, la rosa era un símbolo utilizado en Occidente y el lirio en Oriente, pero durante los últimos siglos ambas flores se han empleado en todo el mundo. Debido a su luz y fragancia, los unicornios las aman especialmente y, a menudo, se las representa con imágenes de ellos.

El unicornio y la rosa

La rosa es una indicación de amor perfecto, dicha y alta aspiración. Por esta razón, el unicornio con frecuencia se muestra con guirnaldas de rosas. Juntos, el unicornio y la rosa representan la fuerza, la constancia y la inmortalidad. La rosa es el símbolo de la Madre María, la divina feminidad. Su alma se origina en Venus. Conocido como el planeta del amor, viaja en un movimiento elíptico, que tiene la forma de una rosa.

El unicornio y el iris

A los franceses les gustaba representar al unicornio con el iris. El primero representaba lo noble y bueno, mientras que el azul violeta de la flor indicaba el porte real. Juntos simbolizan nobleza y lealtad. Para algunos, los tres pétalos representan la perfección, la luz y la vida; para otros, la fe, el coraje y la sabiduría.

En Francia, la flor del iris era conocida como «*fleur-de-Louis*» después de Luis VII, más adelante, «*fleur-de-luce*», que significa 'flor de luz' y, finalmente, «*fleur-de-lys*», 'flor de lirio'. Se considera un símbolo muy poderoso y durante siglos fue utilizado por la monarquía francesa.

Juana de Arco, cuando condujo a las tropas francesas a la victoria contra las inglesas, llevaba un estandarte blanco que representaba a Dios consagrando una flor de lis. El iris representa también a la Virgen María. Sus tres pétalos hacen referencia a la Santísima Trinidad. Al parecer, el antiguo filósofo Plinio afirmó que el iris debe ser recolectado sólo por los castos.

El iris también se utilizó en las culturas india y egipcia para simbolizar la vida y la resurrección. Los antiguos egipcios la consideraban un símbolo de poder y la colocaban en el tercer ojo de la Esfinge y en los cetros de los faraones. En Japón expresa heroísmo, y el color azul se refiere a la sangre azul o nobleza.

Iris era muy venerada como la diosa griega del arcoíris, que conducía las almas de las mujeres a los Campos Elíseos. Como flor sagrada, se usaba en las curaciones, ya que se consideraba que tenía poderes sanadores. El iris es el centro del ojo y sugiere, simbólicamente, que cada uno de nosotros lleva dentro una porción de Dios.

Logotipo de la historia de nuestra escuela

Durante algún tiempo, en nuestra escuela, la Diana Cooper School, habíamos debatido sobre cuál podría ser nuestro logotipo. Un grupo de maestros se reunió en Findhorn, la gran comunidad espiritual que está en el norte de Escocia, para la reunión anual que tiene como objeto hablar del progreso de la escuela. Una tarde, once personas del grupo caminaron hasta la zona donde se encuentran los dos ríos, que es el punto de entrada del arcángel Gabriel. Durante un buen rato, estuvimos sentados en una gran roca, contemplando el río en silencio. Una enorme polilla naranja, tan grande que a primera vista pensé que era un pájaro, revoloteó sobre el agua. Mientras la observábamos, un pez grande saltó del agua y se la comió.

Una polilla simboliza lo negativo, lo oscuro, mientras que un pez representa la espiritualidad y, por este motivo, es un símbolo de muchas religiones. Así pues, frente a nuestros ojos se nos mostró la espiritualidad consumiendo la oscuridad.

Entonces, nos pusimos todos de pie y nos cogimos de las manos en círculo y, de repente, sucedió algo muy asombroso. Una luz blanca se derramó en el centro de nuestro círculo. La Madre María descendió y bendijo a todos los presentes. Su unicornio la seguía. Éste era absolutamente enorme, el más grande que he visto en mi vida, de un brillante blanco puro.

Levantó su cuerno y arrojó luz sobre nosotros. Seguidamente, entró el arcángel Gabriel. Nos dio una rosa, una hermosa rosa blanca con las puntas de los pétalos de color rosa, y nos comunicó que aquél sería el logo de nuestra escuela. Añadió que nos habíamos ganado el derecho a usar ese símbolo femenino del amor universal.

Lo más interesante es que casi todos habíamos recibido la rosa del arcángel Gabriel antes de que yo la describiera. Éramos 11 personas, un número espiritual poderoso, que indica nuevos comienzos en un nivel superior.

Símbolos universales y su significado

Sol: energía masculina, fuerza vital, vitalidad, felicidad.
Luna: energía femenina, misterio, fuerza psíquica e intuición.
Pez: religión, espiritualidad.
Pájaro: libertad.
Gato: energía femenina, intuición, fuerza psíquica.
Perro: energía masculina, amistad, lealtad.
Verja: bloqueo, restricción.

Puerta: apertura a nuevas posibilidades.
Escalera: acceso a mayores posibilidades o reinos superiores, ambición.
Casa: tu conciencia.
Árbol: tú mismo.
Unicornio: tu luz, el aspecto superior, la conciencia crística.
Tú mismo: tú como te sientes ahora.

¿Tienes ojos para ver? Oídos para escuchar, ¿estás escuchando? El cabello es tu fuerza. ¿Cómo es tu boca? ¿Es grande y roja, lo que sugiere que hablas mucho, o está cerrada y apretada, lo que indica que estás callada o tensa?

Tu nariz es tu intuición. Los hombros llevan tus cargas, los senos te nutren. ¿Están tus brazos abiertos y dando la bienvenida o apartando lo que llega?

Puente: paso de un estado a otro.
Camino: la ruta que estás tomando en la vida.
Río: el río de la vida.
Vehículo: cómo estás viajando por tu vida.
Cofre del tesoro: contiene tus dones y talentos. ¿Está abierto o cerrado? ¿Bloqueado? ¿Es grande o pequeño?

La lista es interminable. Un ejercicio divertido e informativo que puedes hacer es un dibujo espontáneo, que contenga varios símbolos. Es mucho mejor si no sabes dibujar bien, ya que tu mente inconsciente puede enviarte mensajes. La habilidad de un artista entrenado puede disfrazar la información que transmite el inconsciente.

Cuando hayas hecho tu dibujo, interprétalo. Es mucho mejor hacer este ejercicio con amigos y, por turnos, comentar los dibujos de los demás.

Interpretación de símbolos

Si algo que has dibujado no tiene un significado claro para ti, imagina que te has convertido en esa persona o en ese objeto que has plasmado en el papel.

Ejemplo: quizás hayas dibujado una silla. Imagina que eres esa silla y tu mente inconsciente la ha dibujado de una manera que te da un mensaje sobre tu mundo interior. A medida que la describes, comienzas las oraciones con «Me siento...». Si lo deseas, di: «Me siento suave y cómodo. Me siento demasiado asentado. Me siento duro y rígido. Me siento demasiado grande para el espacio. Me siento fuera de lugar».

Hacer un dibujo espontáneo

Elige cinco de los símbolos anteriores más un unicornio y tú mismo. Es posible que tengas el impulso de utilizar algo diferente, en cuyo caso hazlo. Piensa en un tema, como tu carrera profesional, tu relación sentimental o tu situación actual.

En una hoja de papel haz un dibujo que incluya estos siete elementos. ¡Muy pocas personas logran dibujar un unicornio realista! No importa.

EJERCICIO: Interpretación de tu dibujo

1. Dobla la hoja de papel por la mitad. El lado izquierdo representa tu pasado, tu energía femenina o las mujeres en tu vida. El lado derecho indica tu futuro, tu energía masculina o los hombres en tu vida. Si hay un espacio en blanco a la derecha, es posible que tengas dificultades para ver lo que te depara el futuro. Si tienes uno a la izquierda, tal vez haya cosas en tu pasado que están influyendo en tu vida porque no quieres mirarlas. Si la parte superior de la hoja está en blanco, pregúntate cuáles son tus aspiraciones o tu comprensión espiritual. Si la parte inferior está vacía, quiere decir que aún no comprendes la causa subyacente de la situación.

2. Si dibujas un sol a la izquierda, puedes considerar que tu felicidad o vitalidad están en el pasado. Si está en el medio, estás enfocado en el ahora; si está a la derecha, en el futuro.
3. La luna es tu intuición. Puede estar llena, nueva o menguante. Una luna nueva también puede indicar nuevos comienzos, una menguante señala que alguna fase está terminando.
4. ¿Dónde te has puesto? ¿Estás en tu camino? ¿En el interior de una casa mirando hacia fuera o detrás de una cerca? ¿Estás en el centro de tu vida? ¿Has dibujado todo tu cuerpo, en otras palabras, todo tu ser? Si sólo has dibujado la cabeza, puede significar que no comprendes completamente tu papel en una situación dada o que no te conoces a ti mismo tan bien como podrías o bien que estás pensando en la situación en lugar de sentirla.
5. Un árbol. ¿Qué sentido tiene para ti? ¿Es fuerte, frágil, está enfermo, se expande, llena el espacio, es diminuto e insignificante? ¿Tiene hojas? ¿Está floreciendo o está desnudo? ¿Se inclina hacia la derecha? Esto puede indicar que estás orientado hacia el futuro o que dependes de la energía de tu padre o de un hombre en tu vida. ¿Se inclina hacia la izquierda? Esto puede indicar que estás pensando en el pasado o que dependes de la energía de tu madre o de una mujer en tu vida.

   ¿O tu árbol está en posición vertical, lo que significa independencia? ¿Tiene raíces? Si no es así, ¿cómo puedes fortalecer tu base en la vida? Puedes hacer nuevos amigos, tener más vida social, unirte a una organización o ver más a tu familia. ¿Hay ramas cortadas o agujeros que representen traumas sin curar?
6. Tu unicornio representa tu conciencia crística o tu luz, tu aspecto superior. ¿Cómo es de grande? ¿Dónde está? ¿Está cerca o lejos de ti?

Encontrarás mucha más información sobre la interpretación de los dibujos espontáneos en mi libro *Transform Your Life*, incluidas explicaciones sobre colores y combinaciones de colores.

EJERCICIO: Crear tu propio símbolo

Tu propio símbolo es una expresión única de ti. Puede ser para este momento o, tal vez, quieras quedártelo y seguir usándolo en el futuro.

1. Coge una hoja de papel y elige cuatro colores.
2. Siéntate en silencio durante unos momentos y pídele a tu unicornio que te ilumine.
3. Luego dibuja tu símbolo.
4. Si estás trabajando en grupo o con otra persona, es posible que desees compartir lo que has representado y recibir sus interpretaciones y proyecciones.

CAPÍTULO 36

LOS AVISTAMIENTOS HISTÓRICOS DE UNICORNIOS

A lo largo de la historia, varias personas famosas han informado haber visto unicornios en sus vidas. A continuación, se muestran algunos ejemplos de personalidades históricas de renombre.

Emperador Huang Di

Se cuenta que en la antigua China un unicornio se le apareció al emperador Huang Di como una señal de que su reinado sería largo y pacífico, lo que al parecer ocurrió así.

Emperador Fu Hsi

Aparentemente, la primera aparición registrada del *Ch'I lin* o unicornio chino fue ante el sabio y famoso emperador chino llamado Fu Hsi, alrededor de 2900 a. C.

En aquel momento, un anciano, estaba sentado a orillas del río Amarillo pensando en la vida y la muerte. Quería dejar constancia de sus pensamientos para la posteridad, pero aún no se había inventado la escritura. Mientras permanecía sentado meditando, un unicornio salió del agua y se le acercó. Llevaba en su espalda signos mágicos y, a partir de éstos, Fu Hsi ideó el primer idioma chino escrito. Así, el unicornio le había llevado un mensaje de Dios.

Emperador Wu Ti

Según se cuenta, un unicornio o *Ch'I lin* se apareció al emperador Wu Ti de la dinastía Han en los terrenos de su palacio. Este emperador dijo que el unicornio era de un blanco puro.

Genghis Khan

Genghis Khan, uno de los líderes más poderosos de Oriente, gobernó un reino que se extendía desde Corea hasta Persia. Su padre fue muy influyente en su vida y, antes de cada batalla, el gran guerrero sintonizaba con el espíritu de su padre para pedirle orientación.

Finalmente, llegó el momento en que su ejército estaba listo para invadir la India. Él y sus hombres habían marchado durante muchos días a través de estrechos pasos de montaña y ya estaban listos para atacar.

La historia cuenta que, cuando salió el sol, se detuvo en un mirador y contempló el país que tenía la intención de conquistar. Un unicornio apareció y se arrodilló frente a él tres veces en un gesto de sumisión y reverencia mientras sus soldados miraban con asombro. Genghis Khan pudo ver que los ojos de su amado padre, muerto hacía mucho tiempo, miraban por los ojos del unicornio.

Su padre le enviaba un mensaje para no invadir la India, el país tan espiritual donde nació Buda. Sus tropas estaban esperando la orden de marchar hacia delante, pero finalmente Genghis Khan levantó su espada y ordenó:

—Retirémonos. Mi padre me ha advertido que no entre en la India.

Tras pronunciar estas palabras, hizo que sus tropas regresaran a Mongolia a través de las montañas. La India fue salvada por un unicornio.

Julio César

En su relato de la conquista de las Galias, Julio César también escribió sobre varias criaturas que tenían fama de habitar en el Bosque Hercínico, en Germania. A una de ellas la describió como «un buey con forma de ciervo, en cuya frente, en el medio, entre las orejas, sobresale un solo cuerno, más alto y recto que los que conocemos».

Alejandro Magno

La historia cuenta que, cuando Alejandro Magno era un joven adolescente, un *Karkadann*, una criatura con cuerpo de caballo y cabeza de león, fue presentado a su padre. Tenía un solo cuerno en la frente. Todos los jinetes de la corte intentaron montarlo pero fallaron. Alejandro clamó por intentarlo. Finalmente, su padre cedió, pensando que su hijo aprendería a ser humilde.

Alejandro se dio cuenta de que se trataba de un animal que no podía ser domesticado, sino que debía consentir en ser montado. Entonces, se acercó a él sin arma ni látigo y se quedó quieto junto a él, completamente indefenso, mientras repetía: «Saludos, noble fiera. Vengo a ofrecerte mi amistad. Permíteme montar en tu grupa hoy y podrás elegir tu libertad». Lentamente, el unicornio bajó la cabeza hasta que su cuerno casi tocó el corazón de Alejandro. Permanecieron así durante un momento, luego el unicornio bajó repentinamente su cuerno y permitió que Alejandro lo montara. Una vez más, se mantuvieron en silencio, acostumbrándose el uno al otro. Bucéfalo se alejó galopando como el viento, pero cuando regresó ya eran amigos inseparables, tanto que Alejandro montó su unicornio en todas las batallas importantes.

Confucio

Según la leyenda, un unicornio se apareció en 551 a. C. a la madre de Confucio antes de su nacimiento. Esto se consideró un signo muy auspicioso. El unicornio puso la cabeza en su regazo y le dio un trozo de jade imperial con la profecía de que el bebé poseería en el futuro sabiduría y grandeza. De hecho, Confucio se convirtió en un filósofo chino venerable y respetado. Se dice que, en su vejez, vio un unicornio.

CAPÍTULO 37

LOS UNICORNIOS Y LA BIBLIA

La versión autorizada de la Biblia, conocida como la versión del Rey Jaime, es la única traducción de la Biblia en inglés que menciona a los unicornios. En total, se nombran siete veces. En esta Biblia se traduce la palabra hebrea *re'em* como «unicornio». Literalmente, *re'em* significa 'buey' o 'buey salvaje' y así es como se traduce en otras versiones del libro sagrado cristiano.

Sin embargo, basándome en que nada sucede por casualidad, he intentado traducir los conceptos de manera metafísica. Ésta es la única forma en que mi comprensión de un Dios de amor podría dar sentido a las palabras que leí, de la siguiente manera:

- «Unicornio» se traduce como «conciencia de Cristo».
- «Enemigos» se traduce como «aquellos de conciencia inferior».
- Los huesos se convierten en su esencia misma.
- Las flechas son una fuerza de amor.
- La boca de león es el punto de peligro.
- «Primogénito de su buey» es la nueva e inocente fuerza masculina.
- La sangre es fuerza vital o la alegría.
- Un ternero representa una cualidad inocente, generosa y viva.
- Los cuernos indican iluminación.

BIBLIA: «Dios los sacó de Egipto; tiene la fuerza de un unicornio». Números 33, 22.

MI TRADUCCIÓN: «Dios los sacó de Egipto; tiene la fuerza de la conciencia crística».

BIBLIA: «Dios lo sacó de Egipto; tiene la fuerza de un unicornio. Devorará a las naciones enemigas, quebrará sus huesos y las traspasará con sus flechas». Números 24, 8.
MI TRADUCCIÓN: «Dios los sacó de Egipto, tiene la fuerza de la conciencia de Cristo, que devorará la conciencia inferior, transformará su esencia y la traspasará con la fuerza de su amor».

BIBLIA: «Sálvame de la boca del león, porque tú me has oído por los cuernos de los unicornios». Salmo 22, 21.
MI TRADUCCIÓN: «Sálvame del peligro porque la conciencia crística se ha comunicado contigo».

BIBLIA: «Su gloria es como el primogénito de su becerro, y sus cuernos, como cuernos de unicornios; con ellos empujará a los pueblos hasta los confines de la Tierra; y son los diez mil de Efraín, y son los millares de Manasés». Deuteronomio 33, 17.
MI TRADUCCIÓN: «Su gloria es como la nueva e inocente fuerza masculina, con la iluminación de la conciencia de Cristo, y él reunirá a los pueblos de todo el mundo».

BIBLIA: «¿Estará el unicornio dispuesto a servirte o acatar tu cuna? ¿Puedes atar al unicornio con su banda en el surco? ¿O traspasará los valles tras de ti?». Job 39, 9.
«¿Confiarás en él porque su fuerza es grande? ¿O le dejarás tu trabajo a él? ¿Creerás que traerá tu semilla a casa y la recogerá en tu granero?». Job 39, 9-12.
MI TRADUCCIÓN: ¿Trabajará la conciencia de Cristo contigo y permanecerá a tu lado? ¿Puedes unir y aprovechar la conciencia de Cristo en la dirección que desees? ¿O seguirá ahí después de que te hayas ido? ¿Confiarás en él por su gran poder? ¿Dejarás que haga el trabajo? ¿Creerás que puede cuidar de tu familia?

BIBLIA: «También los hace saltar como un becerro, Líbano y Sirión como un unicornio joven». Salmos 29, 6.
MI TRADUCCIÓN: «Saltarán con pura inocencia y fuerza vital, Líbano y Sirión, con conciencia de Cristo».

BIBLIA: «Y con ellos descenderán unicornios, y becerros con sus toros, y su tierra se empapará de sangre, y su polvo se engrasará de sebo». Isaías 34, 7.
MI TRADUCCIÓN: «Y la conciencia de Cristo se fusionará con la energía masculina y la Tierra misma se llenará de alegría y satisfacción del alma».

BIBLIA: «Pero mi cuerno ensalzarás como el cuerno de un unicornio: seré ungido con aceite nuevo». Salmos 92, 10.
MI TRADUCCIÓN: «Te exaltarás en la iluminación de la conciencia de Cristo. Todo parecerá fresco y nuevo».

CAPÍTULO 38

LOS MITOS Y LAS LEYENDAS ORIENTALES

Puede decirse que los unicornios aparecen de manera significativa a nivel local. En Oriente, la criatura mágica de un cuerno suele representarse como una cabra, con pezuñas hendidas y barba. Es suave y pacífica, y trae buena suerte.

Curiosamente, los unicornios proporcionan la iluminación y las cabras se originan en Orión, el planeta de la iluminación. La barba ha sido durante mucho tiempo un símbolo de madurez y sabiduría.

En los tiempos espiritualmente avanzados de la Atlántida Dorada, las cabras eran veneradas como criaturas iluminadas. Por esta razón, podían demostrar su naturaleza superior. Fue sólo cuando la Iglesia ganó influencia que destacó y distorsionó los aspectos sexuales de la reproducción, enfocándose en las emociones más bajas de la lujuria en lugar de en las oportunidades de amor y transcendencia.

Luego se demonizó a la cabra, dándole a Pan, el Dios de la naturaleza, una cabeza de cabra y una disposición vil. De hecho, Pan es un Maestro de la novena dimensión, con responsabilidades y poderes que van más allá de nuestro entendimiento. Trabaja con el arcángel Purlimiek y está a cargo de todo el mundo natural.

Muchas de las historias orientales fueron registradas por un médico griego llamado Ctesias que, en 416 a. C., fue a la corte del rey de Persia y permaneció allí durante diecisiete años. En todo este tiempo escuchó y anotó las historias contadas por los numerosos comerciantes y viajeros que pasaban por la ciudad donde trabajaba. Ctesias parecía pensar que los animales que veían los viajeros eran seres físicos, y esto puede haber sido cierto para algunos.

Sin embargo, otros eran seres tetradimensionales, como el monstruo del lago Ness, y no siempre visibles a la vista humana.

En la India hay dos versiones de una leyenda, una de las cuales nos dice que los unicornios eran enormes asnos salvajes con cuerpos blancos, cabeza de color rojo oscuro o púrpura real y ojos azul profundo. Según la otra versión, tenían cabeza de ciervo (fe e intuición), cuerpo de caballo (espiritualidad superior), cola de león (coraje y fuerza), pies de cabra (sabiduría e iluminación), ojos azules (capacidad para ver de lejos).

Ambas versiones describen su cuerno único como de 45 centímetros de largo, blanco en la base, negro en el centro y con una punta roja carmesí afilada. El blanco indica que irradia conocimiento y poder muy puros. El negro es el color del misterio y de la magia, y sugiere una sabiduría profunda, mientras que el rojo indica que la luz se envía con vigor y fuerza vital, una bestia verdaderamente poderosa.

En la China, el unicornio era un cruce entre un león y un dragón, lo masculino y lo femenino combinados, representando el coraje, la fuerza y la sabiduría. El unicornio chino se conoce como *K'i-lin*, *K'i* significa 'masculino' y *Lin*, 'femenino'. Cuando se ve un unicornio, es un muy buen augurio porque viene del cielo para traer paz, sabiduría y abundancia. Como es tan apacible, camina suavemente para no aplastar ni una brizna de hierba y tiene una voz tan pura como el tintineo de una campana. Se dice que vive 1000 años.

Es conocido como el rey de las bestias y es un gobernante poderoso. A veces, tiene las escamas de un pez o de un dragón y, al mismo tiempo, melena y pezuñas hendidas.

Tenían reputación de dispensadores de justicia, y en la dinastía Han estaban representados en el respaldo de las sillas de los jueces.

Este unicornio chino sólo dejaba su vida de aislamiento y soledad para predecir eventos futuros, como un mensajero del cielo. Por ejemplo, uno predijo el nacimiento de Confucio y su futura grandeza.

También se dice que un unicornio se presentó ante la madre de Buda, algunos relatos aseguran que en su concepción y otros que en su nacimiento, para bendecirlo. Bajo la influencia budista, el unicornio chino se volvió amable, benévolo, tampoco pisaría un insecto bajo sus cascos y podía caminar sobre el agua.

El unicornio japonés es bastante diferente. Conocido como *Kirin*, tiene el cuerpo de un toro y una melena salvaje. Es muy temido, especialmente por los malhechores, porque es un juez imparcial. Durante un juicio, el *Kirin*, cuando era convocado, miraba a cualquiera que fuera culpable de un crimen. Luego perforaba el corazón del criminal con su cuerno. Ése se consideraba el castigo más severo. Sin embargo, con una mayor comprensión, es evidente que un unicornio, por compasión, pone su cuerno de iluminación profundamente en el corazón oscuro de un malhechor para llenarlo de amor, alegría y sanación.

El sol y la luna

Hay una historia sobre el león y el unicornio que se remonta a la antigua Babilonia, cuando se consideraba que el sol y la luna eran guías sagrados. El sol estaba representado por el león y la luna por el unicornio.

El león, con su cabello dorado y su rostro redondo como el sol, gobernaba con fuerza. Se consideraba un gobernante dominante y, constantemente, perseguía al unicornio. Éste era de un blanco plateado y gobernaba a través de la gracia, la armonía y la cooperación. El león rara vez atrapaba a su presa y, cuando lo hacía, se oscurecía el sol, no la luna.

Esta historia afirma que lo Divino Femenino gobierna de forma suprema.

CAPÍTULO 39

LOS MITOS Y LAS LEYENDAS OCCIDENTALES

Las descripciones de criaturas míticas se basan, inevitablemente, en informes de psíquicos a través de las épocas, sobre seres que ven en otras dimensiones. Al igual que los ángeles, los elementales y las criaturas como el monstruo del lago Ness, los unicornios no son físicos, sino que existen en los reinos etéreos. Desde su dimensión pueden influir y ayudarnos.

Historias occidentales

En Occidente, nuestros psíquicos y místicos siempre han visto a los unicornios como caballos de luz ascendidos de color blanco puro. Los primeros místicos cristianos entendieron que encarnaban la conciencia de Cristo o el amor incondicional puro, y esto se convirtió en folklore. Los unicornios forman parte de la mitología cristiana.

El Jardín del Edén

El unicornio, según el Antiguo Testamento, es una criatura a la que hay que temer y reverenciar. Una historia que me gusta es que Dios le ordenó a Adán que diera un nombre a todos los animales de la Tierra. Primero nombró al unicornio, por lo que Dios le otorgó a esta criatura una bendición especial tocándolo en la punta de su cuerno y confiriéndole poderes curativos.

Más tarde, cuando Adán y Eva fueron desterrados del Jardín del Edén, al unicornio se le permitió elegir permanecer en el paraíso o acompañar a Adán y Eva al mundo de pruebas y tribulaciones. Por pura compasión y amor decidió ir con ellos y fue bendecido para siempre. Como pasó tiempo en el cielo y en la Tierra, se asocia con la pureza, la castidad, el amor y la alegría.

El Diluvio Universal

Hay muchas leyendas sobre los unicornios en el Diluvio Universal. Aparentemente, ellos estaban seguros de que podían nadar en medio del diluvio, por lo que se negaron a entrar en el Arca de Noé. Se las arreglaron para hacerlo durante cuarenta días y cuarenta noches, momento en el que ya estaban exhaustos. Algunas aves vieron sus cuernos sobre el agua y se posaron sobre ellos para descansar seguras. Desafortunadamente, esto fue demasiado para las grandes bestias, que se hundieron bajo su peso.

¡Qué fábula tan interesante! Según tengo entendido, el Diluvio Universal al que se hace referencia en la Biblia y otros textos fue el desastre que, finalmente, hundió la Atlántida alrededor del 10 000 a. C., cuando la civilización se volvió demasiado oscura para permitir que continuara.

Los hermosos unicornios que estuvieron presentes en los Tiempos Dorados de la Atlántida no pudieron permanecer cuando la energía se volvió demasiado pesada, por lo que se retiraron a los planos espirituales. Esta historia representa de manera colorida esta verdad, lo que indica que los unicornios lucharon por permanecer al servicio de la Atlántida, pero al final tuvieron que marcharse.

Un cuento popular judío narra esta historia de manera ligeramente diferente: los unicornios murieron durante el Diluvio Universal porque eran demasiado grandes para caber en el Arca de Noé. Esto se traduce en que la conciencia de Cristo era demasiada para la vibración de los que estaban en el Arca.

Otra historia afirma que Noé encadenó al unicornio detrás del Arca y el animal nadó allí durante los cuarenta días. Ésta es la antítesis del cuento anterior. Aquí se sugiere que los que estaban en el arca mantuvieron la conciencia de Cristo durante los cuarenta días.

La captura de un unicornio

Algo que tienen en común todas las tradiciones es la idea de que el unicornio no puede ser capturado por la fuerza, ni tampoco capturado vivo. Como el unicornio representa la conciencia de Cristo, esto no es sorprendente, ya que nadie puede forzar el amor. Es necesario dejarlo entrar suavemente.

Muchas historias desarrollan el tema sobre un cazador que intenta atrapar al unicornio para llevárselo a su rey. Ésta es una analogía sobre el buscador espiritual tratando de obtener la conciencia crística para su Yo superior. No es posible obligarlo. Así pues, según las fábulas, debe dejarse una virgen en un claro del bosque, preferiblemente desnuda. Entonces, se le acercará un unicornio. Ella puede sujetarlo por el cuerno y conducirlo hacia el rey.

En otras palabras, la conciencia de Cristo o el amor real llega a los puros e inocentes que no tienen pretensiones. Cristo puede ser contenido y conducido al Yo superior. La historia también tiene un segundo nivel de interpretación. La virgen representa a la Madre María y esta alegoría simboliza su intercesión en nombre de la humanidad para llevar al hombre que pudo traer la conciencia de Cristo a la Tierra. Lo hizo con humildad, nobleza, sabiduría y compasión.

Unicornios en los mitos alemanes

En el Congreso de Ángeles en Hamburgo de 2007 hablé sobre los Tiempos Dorados de la Atlántida, y durante la charla mencioné a los unicornios. Cuando impartí una sesión de meditación sobre la Atlántida, los unicornios insistieron en ser presentados nuevamente a las personas que tan bien habían conocido en aquellos tiempos. El propósito principal de la charla era iniciar a todos en los doce *chakras* de la Atlántida, pero después del seminario, todos los asistentes me agradecieron que les hubiera ayudado a encontrarse con su *Einhorn* nuevamente.

Entonces no sabía que la cultura alemana está llena de historias sobre unicornios, aunque supongo que no es de extrañar en un país que en ese momento estaba cubierto de bosques y era conocido por sus mitos y su magia. En la Edad Media, sus palacios e iglesias se llenaron de imágenes de unicornios.

La Virgen María y el unicornio

En el culto alemán de la adoración de la Virgen, ésta era conocida como María Unicornis, María del Unicornio. Deben haber sintonizado con los tiempos de la Atlántida cuando caminaba por todas partes con su unicornio, su animal familiar o espiritual.

Historia de la Cueva del Unicornio

Ésta es una variación de un conocido mito alemán. Hay una cueva en las montañas Harz densamente boscosas en el centro de Alemania llamada Einhorn-Höhle, la cueva del unicornio. Una sabia curandera vivía en la cueva y muchas personas acudían a ella en busca de curación y consejo. Como era de esperar, esto alarmó y enfureció a los misioneros cristianos, que la acusaron de ser una bruja. Los misioneros habían convertido a un rey franco a su religión y, por ello, lo persuadieron de que enviara soldados, acompañados de un monje, para arrestarla.

Mientras los soldados trepaban por la montaña, la mujer salió de la cueva y los contempló sin miedo alguno. Esto confundió a los soldados pero, considerando que era sólo una anciana, continuaron trepando hacia la cueva. Mientras lo hacían, apareció un hermoso unicornio con un maravilloso cuerno dorado y reluciente. Se arrodilló frente a la mujer, quien se subió a él y se alejaron juntos, dejando a los soldados y al monje completamente desorientados y confundidos.

En el Renacimiento

En el siglo XVI, por decreto divino se dirigió a la Tierra una onda de energía superior para elevar la frecuencia de la oscuridad en la que había caído. Este período recibió el nombre de Renacimiento, y muchos artistas, escultores y almas creativas se encarnaron para expresar la conciencia de Cristo a través de su arte. Gran parte de esta conciencia todavía perdura y abre a las personas a lo divino. Como parte de la onda de luz dirigida por la Fuente al planeta, algunos unicornios regresaron durante un corto tiempo y fueron vistos por psíquicos o en sueños y visiones. Éstos están representados en tapices y otras obras de arte. En un tapiz medieval se ve a un unicornio metiendo su cuerno en una fuente de agua, que simboliza a Cristo curando los pecados del mundo.

Arturo y el unicornio

Se dice que el rey Arturo se encontró con un unicornio. En su primera aventura, su barco encalla en una orilla desconocida, donde se encuentra con un enano que le cuenta esta historia: él y su esposa fueron abandonados allí hace muchos años. Su esposa murió después de dar a luz a un hijo. El bebé habría muerto de no ser porque el enano se topó con un unicornio hembra con crías. Ella adoptó al bebé, lo que le permitió amamantarlo como a sus propios hijos. Alimentado por esta bebida mágica, el niño se convirtió en un verdadero gigante. Se dice que Arturo presenció el milagro cuando el unicornio y su hijo adoptivo regresaron. El gigante ayudó a Arturo y a sus hombres a sacar de las arenas el barco encallado.

El Cuerno de la Abundancia

Casi todas las culturas tienen un mito sobre el Cuerno de la Abundancia: el Cuerno de la Abundancia original y su relación con los unicornios. En una leyenda griega, Zeus fue amamantado por una cabra. Rompió uno de sus cuernos y la convirtió en una criatura de un cuerno o un unicornio. Del cuerno roto brotaron abundantes cosas buenas.

EJERCICIO: Cuenta una historia de unicornio

Éstos son ejercicios divertidos para realizar en un grupo pequeño. Según mi experiencia, algunas personas los adoran y otros los odian.

1. Cada persona del círculo escribe o cuenta un cuento o una historia metafórica en la que hay un unicornio. Cuando haya terminado, busca las lecciones y los mensajes contenidos en su historia.
2. Una persona comienza a contar una historia en la que aparece un unicornio. Después de decir unas pocas oraciones, la siguiente persona se hace cargo de la historia y ésta continúa de persona en persona hasta que concluye. Luego, se habla de cómo el mensaje de la historia afecta a todos los presentes.

CAPÍTULO 40

LOS RITUALES Y LAS CEREMONIAS DE UNICORNIO

Los rituales ponen en movimiento las fuerzas cósmicas, porque se basan en seguir una rutina establecida, que luego se energiza. Las palabras que se utilizan para iluminar un ritual son muy importantes, por lo que deben ser positivas y puras. Las ceremonias convocan a los seres de luz y añaden poder a un ritual.

Por ello, los rituales siempre deben realizarse con gran cuidado y dedicarse al mayor bien.

Para hacer que un ritual o una ceremonia sea más poderosa, utiliza un vestuario especial y elige los colores con atención. Un ritual de unicornio se puede volver muy efectivo vistiendo de blanco, aunque se puede elegir cualquiera de los colores espirituales superiores, como el dorado, el violeta, el morado o el rosa, si dispones de ellos.

Es aconsejable ducharse y lavarse el pelo antes para autopurificarse.

La música sagrada, la oración, los cánticos, las velas, el incienso, el agua bendita, las flores, incluso las frutas, aumentan la luz que se llama.

Un altar como punto focal que ilumina todo y un paño dorado o blanco es apropiado para una ceremonia de unicornio.

Bailar y tocar el tambor también puede aumentar la energía

Bebe un vaso de agua pura después de la sesión, ya que, durante la misma, la luz de alta frecuencia fluye a través de ti, por lo que deberás eliminar las viejas energías y las toxinas.

La purificación

Para despejar el espacio, es posible que desees rociar esencia de ángel o de unicornio o utilizar un cuenco tibetano o un gong. Lleva la esencia o el sonido a todos los rincones si estás en un espacio interior.

Un altar de unicornio

Es posible que desees construir un altar solo o en grupo. Tu actitud de reverencia y gozo mientras lo preparas es más importante que lo que le pones. Sin embargo, una vela para representar el fuego, una pluma para el aire, un jarrón de flores para el agua y un cristal para la tierra aseguran que todos los elementos sean convocados. Es encantador colocar cosas importantes para ti, como una fotografía de tu familia y objetos sagrados como la figura de un ángel o de un unicornio. Cuando el altar esté listo, pronuncia una pequeña oración para dedicarlo a tu intención y con agradecimiento a los unicornios. Tu intención podría ser: la venta de tu casa, un Año Nuevo lleno de alegría, la apertura de un centro de sanación, el éxito de un negocio, la buena voluntad de la comunidad, la curación de una familia o cualquier cosa, siempre que sea para el bien superior. La siguiente podría ser una redacción adecuada:

- «Dedicamos este altar a .... y llamamos a los unicornios para que bendigan nuestra visión. Les agradecemos su amor y su luz».

Las velas

Encender una vela tiene una influencia mágica y siempre aumenta la frecuencia. Es maravilloso caminar por un sendero flanqueado por velas encendidas, especialmente en una noche oscura y tranquila, cantando «om», con tu unicornio junto a ti.

Otro hermoso ritual es encender y dedicar una vela principal a un propósito como la paz internacional o un feliz cumpleaños. Luego, cada persona puede encender su vela la primera y regresar a su posición, sabiendo que su luz está bendecida. Otra alternativa es que cada persona puede encender la vela de su vecino.

Esencia de rosa

Los unicornios tienen una relación especial con las rosas, por lo que la esencia de esta flor resulta muy apropiada para un ritual de unicornios. La esencia de rosa huele gloriosamente, repele todas las energías inferiores y atrae el amor. Coge una vela blanca o rosada y esencia de rosa con la que ungirla. Pon unas gotas de la esencia en la vela antes de encenderla. Entonces, dedícala a tu visión. También puedes prender un palo de esencia de rosa en un quemador.

Caminar con el unicornio como parte del ritual o de la ceremonia

Cada uno de los participantes en la ceremonia coge una hoja fuerte. Recuerda pedir permiso al árbol o a la planta antes de hacerlo. Con un bolígrafo o un rotulador escribe algunas palabras para resumir tu visión. Luego, coloca las manos en la posición de Namasté con la hoja entre las palmas y pide a los unicornios que la bendigan.

Vas a caminar, así que invoca mentalmente a los unicornios para que estén contigo. Tanto si estás solo como si formas parte de un grupo, muévete en silencio imaginando que tu visión se hace realidad o reza pidiendo ayuda para lograrla. Luego tararea o entona mientras te concentras en tu intención. Cuando regreses, coloca tu hoja sobre el altar.

El laberinto

Si pides una bendición de unicornio, mantén tu visión mientras caminas por un laberinto, esto aumentará el poder que te llega, ya que un laberinto es una forma sagrada.

El círculo

Resulta maravilloso cuando se realiza en grupo. Cogerse de la mano mientras camináis en círculo simboliza la integridad o la unidad. También sugiere finalización. Así pues, si se trata de una ceremonia de clausura, la formación de un círculo es excelente.

Si todos se sientan o se quedan de pie en círculo, mientras sostienen una vela encendida, se forma una hermosa energía. También resulta muy especial caminar en círculo con cada persona sosteniendo una vela encendida.

Si un círculo se mueve en el sentido de las agujas del reloj mientras que el otro lo hace en el sentido contrario, estarán acumulando energía poderosamente.

La figura del ocho

Es un símbolo de eternidad. Cuando un individuo, pareja o grupo camina siguiendo un patrón en forma de ocho, sosteniendo una vela encendida y una intención de permanencia y resistencia para su visión, esa energía quedará impresa en su conciencia y en la tierra.

Es adecuado para una pareja que pretende que su relación sea duradera, alguien que quiere que su negocio perdure o una comunidad que se dedica a un servicio.

Las espirales

Solo o en grupo, puedes acumular energía caminando en espiral en el sentido de las agujas del reloj. Así, lo harías si quisieras aumentar la energía de tu intención. Puedes relajar la energía caminando en espiral en sentido contrario a las agujas del reloj, por ejemplo, si deseas liberar algo del pasado.

Caminar por el agua

Si puedes caminar alrededor de un lago o de un estanque o incluso por la orilla del mar, la energía de tu ritual o ceremonia se verá reforzada.

Caminar hasta coronar la colina

Caminar cuesta arriba es un acto muy simbólico y se asocia a escalar la montaña espiritual y acceder a una luz superior.

En luna llena

Los rituales y ceremonias llevados a cabo bajo la luna llena son muy poderosos porque tienes la fuerza de lo Divino Femenino añadiendo energía. En el pasado, en ese período lunar siempre se llevaban a cabo poderosos rituales antiguos. Los unicornios adoran la luna llena.

En luna nueva

Si quieres convocar la energía del unicornio para que te ayude con un nuevo proyecto, como la concepción de un bebé o ir a la universidad, crea una ceremonia de unicornio en el período de luna nueva. Las bendiciones de unicornio te resultarán de gran ayuda siempre que tu visión sea pura.

En luna menguante

Si necesitas ayuda para poner fin a una situación o relación, practica un ritual o realiza una ceremonia a medida que la luna se pone. Pide a los unicornios que te ayuden a acabar con lo que sea con gracia y dignidad.

Una bendición de unicornio

Al invocar a los unicornios y permitir que su bendición fluya de tus manos a personas, lugares o situaciones, realizas tu ritual de unicornio.

A quién llamar

Puedes invocar a cualquiera de los Maestros, ángeles o arcángeles para que estén presentes en tu ceremonia y le agreguen su luz. Una vez más, cuando tu intención sea clara y pura, estarán encantados de ayudarte.

A continuación, presentamos algunos:
Jesucristo (conocido como Sananda en los planos interiores), Kumeka, Buda, Mahoma, Lord Kuthumi (El Instructor del Mundo), Dwjhal Kuhl, Madre María, Teresa de Ávila, Quan Yin, El Morya, Lanto, Pablo el Veneciano, Serapis Bey, Hilarión, María Magdalena, Lady Nada.

Los arcángeles que a menudo asisten a las ceremonias de luz son los arcángeles Miguel, Gabriel, Rafael, Uriel, Chamuel, Jophiel, Zadkiel, Metatron y Sandalphon.

EJERCICIO: Un unicornio en un laberinto

Puedes colocar un pequeño dibujo de un unicornio o una piedra o cristal que lo represente en el centro de un laberinto. Luego camina por el espacio sagrado si está marcado en el suelo o resíguelo con el dedo en una hoja.

Haz una pausa en el centro para permitir que la luz del unicornio se conecte profundamente con tu conciencia. Éste es un acto muy poderoso.

El ritual o la ceremonia en grupo

1. Decidid el propósito y la intención de vuestro ritual o ceremonia.
2. Limpiad, preparad y decorad el espacio, ya sea interior o exterior.

3. Cread un altar.
4. Duchaos y lavaos el pelo.
5. Poneos ropa limpia, especial si es posible.
6. Poned música de fondo, cantad o tararead.
7. Encended velas.
8. Colocad una protección, como el manto azul del arcángel Miguel o la luz de Cristo, sobre cada individuo y sobre el grupo completo.
9. Cada persona puede querer dedicar su vela o colocar una flor u otra ofrenda en el altar, por la paz mundial o por alguna otra aspiración.
10. Invocad a los unicornios y a cualquier otro ser de luz.
11. Ofreced oraciones, bendiciones y agradecimientos.
12. Sentaos o quedaos de pie en una posición receptiva para aceptar la energía.
13. Realizad una actividad: quemar cosas de las que queráis desprendeos, escribir un deseo por algo nuevo, liquidar la energía de vuestra intención al caminar de una manera sagrada o incluso bañaros para purificaros.
14. Reuníos alrededor del altar y dad las gracias nuevamente.
15. Conectaos imaginando raíces entrando en la tierra desde vuestros pies y sintiendo la energía que corre a través de vosotros hacia la Madre Tierra.

Éstas son sólo unas sugerencias. Hay un millón de variaciones que te inspirarán para crear una ceremonia que incluya a todos y eleve la atmósfera.

CAPÍTULO 41

DIFUNDIR LA MAGIA DEL UNICORNIO

Cuando hayas creado tu esencia de unicornio, puedes rociarla sobre ti mismo para abrirte a su luz. Esto le permite acercarse a ti y tocarte. También significa que puedes absorber su energía a nivel celular, para que su esencia pueda entrar en tu ser, donde puede afectarte profundamente. Cuando mantienes la intención correcta e invocas a un unicornio para que entre en tu aura, hará todo lo posible para llevarlo a cabo. La esencia de unicornio te ayudará y, si deseas alentar al unicornio a ingresar en tu espacio, puedes rociar una habitación con ella.

Por supuesto, puedes ofrecérsela a otras personas para la curación y la conexión con el unicornio.

EJERCICIO: Preparación de la esencia de unicornio

Debes prepararla durante el período de luna llena y con agua. Es preferible un arroyo, un estanque grande o un lago, pero puedes hacerlo junto al mar si está tranquilo.

Puedes hacerlo solo, pero si son más las personas con el enfoque y la intención correctos mejorarán la energía.

1. Busca una botella de color, un poco de agua de manantial y un poco de alcohol.
2. Llena un recipiente con agua. Si es posible, debe ser un cuenco de cristal tallado.

3. Siéntate frente a él y piensa en las cualidades de los unicornios.
4. Puede que quieras cantar, tararear o pronunciar «om».
5. Convócalos y siente su presencia.
6. Pídeles que bendigan el agua y visualiza a uno o más vertiendo la luz de sus cuernos en el líquido.
7. Siéntate en meditación tranquila durante el tiempo que te parezca apropiado.
8. Da las gracias a los unicornios.
9. Durante la noche, deja el cuenco bajo la luz de la luna para que se cargue.
10. Vierte el líquido en la botella y rellénala con hasta un 50 % de alcohol.

EJERCICIO: Bendición de piedras de unicornio

Hace algunos años, los ángeles me explicaron este ejercicio para el día de la Conciencia del Ángel. Ahora lo practico a menudo con los unicornios.

Es simple, fácil de hacer y muy efectivo. Es una manera maravillosa de esparcir la energía superior por el mundo.

1. Busca una piedra lisa de cualquier tamaño y sostenla en las manos.
2. Relájate y tómate tu tiempo para sentirla y acariciarla.
3. Imagina el amor, la paz y otras buenas cualidades fluyendo de tu corazón a tus manos y de ellas a la piedra.
4. Llena la piedra con tantas cualidades superiores como desees.
5. Luego, dásela a los unicornios para que la bendigan.
6. Dondequiera que la coloques, la piedra irradiará una bendición de unicornio, por lo que es posible que desees ponerla en algún lugar donde se necesite energía especial, por ejemplo, fuera de una escuela, de un hospital, de una comisaría de policía o de las oficinas del ayuntamiento. Y, por supuesto, puedes dejarla fuera de tu casa o de la de alguien a quien amas.

EJERCICIO: Pintar piedras de unicornio

Cuando se pintan o decoran piedras bendecidas, la energía del unicornio trabaja sutilmente con ellas, por lo que es algo encantador para hacer con los niños. Es una manera divertida y creativa de que los adultos también disfruten trabajando con la energía sutil del unicornio.

1. Busca varias piedras grandes y lávalas si es necesario.
2. ¡Prepara la zona de pintura cubriendo todos los objetos vulnerables y la mesa o el suelo!
3. Es posible que necesites batas para los niños y los adultos.
4. Enciende una vela. Pon música suave de fondo y prepara el espacio sagrado.
5. Ponte frente a las piedras e invoca a los unicornios para que entren y te ayuden. Para hacerlo, es posible que deseéis cogeros de las manos y decir: «Ahora llamamos a los poderosos unicornios y les pedimos que bendigan estas piedras y las llenen con su luz». Quizá prefiráis pedirles que sean bendecidos con paz, felicidad, paciencia o cualquier cualidad. Si lo deseáis, podéis llamar a cada uno para una cualidad diferente. Si lo preferís, podéis extender las manos sobre las piedras y pedir a los unicornios que derramen una bendición en ellas a través de vuestras manos.
6. Para aumentar la energía, rociad las piedras con esencia de unicornio o de rosa.
7. Luego, pintad las piedras y dejadlas lo más hermosas que podáis.
8. A algunas personas les gusta pintar en silencio, otras charlan y ríen o cantan. Es decisión vuestra.
9. Recordad dar las gracias a los unicornios cuando hayáis terminado.
10. Colocad la piedra en un lugar especial sabiendo que su energía irradiará allí donde esté.

CAPÍTULO 42

EJERCICIOS DE DESARROLLO

Éstos son ejercicios simples, pero poderosamente efectivos, que puedes practicar con otras personas para desarrollar el corazón y el tercer ojo. Todos están pensados para que puedas realizarlos con los niños.

EJERCICIO: Lectura de caracol

El propósito de este ejercicio es desarrollar la empatía. Esto es particularmente bueno para los niños. También ayuda a desarrollar su capacidad psíquica de diferentes maneras.

1. Busca un caracol. Una vez que lo hayas encontrado, si tienes que moverlo, sé muy gentil y cariñoso.
2. Respira profundamente unas cuantas veces y relájate.
3. Siéntate quieto y trata de sentir el color de su aura. Puedes preguntarte de qué color sería su aura si pudieras verla.
4. Imagina lo que siente el caracol.
5. Si lo deseas, puedes dibujar un caracol y utilizar lápices de colores para pintarlo. Es posible que estés representando inconscientemente su aura.
6. También puedes hacerlo con un gusano o un escarabajo o cualquier criatura.

EJERCICIO: Sentir la cuchara

Se requiere, al menos, la participación de tres personas.

1. Coge una cuchara.
2. Una persona sale de la habitación.
3. Una de las que permanecen dentro sostiene la cuchara y la llena con su energía.
4. La que se ha ido regresa a la habitación.
5. Coge la cuchara e intenta sentir quién la ha sostenido antes.

EJERCICIO: Lectura de flores

Para este ejercicio, necesitarás una flor, que puede ser de jardín, silvestre o simplemente una brizna de hierba. Antes de recogerla, pídele permiso a la flor y siente que te lo ha concedido antes de hacerlo. Puedes realizar este ejercicio solo o con otras personas.

1. Siente el aura de la flor colocando tus manos a unos 2,5 centímetros de ella.
2. Siente si está feliz, sana, cansada o cómo está su energía.
3. Toma conciencia del hada que la cuida.
4. Si no puedes sentirlo, imagina de qué color y tamaño sería su hada si pudieras verla.

EJERCICIO: Doblar una cuchara

Éste es un ejercicio psíquico, no de fuerza. Hace muchos años, me quedé unos días en casa de una amiga. Tenía un hijo de unos diez años que tenía un libro de juegos, uno de los cuales consistía en doblar una cuchara. Me preguntó si quería hacerlo con él, así que, cómo no, le dije que sí. Me sorprendieron tanto los resultados que me fui directamente a casa e intenté doblar cucharas con los participantes de mi clase nocturna. Todas las damas doblaron sus cucharas por la mitad. Los hombres, que son más del hemisferio izquierdo, tuvieron mayores dificultades.

La mayoría sólo las doblaron un poco. A lo largo de los años me he encontrado con personas que habían participado en ese tipo de ejercicio, y recordé que muchas guardaban sus cucharas para tener presente el poder de sus mentes. Es una acción adecuada, porque si sabes que puedes hacer eso, puedes hacer cualquier cosa, incluso trabajar con los unicornios.

Necesitas a un amigo para que participe contigo. Busca una cuchara o un tenedor que no se doble al presionarlo. Si es endeble, puedes ser acusado de hacer trampa.

1. Siéntate cómodamente y relájate en un estado de ánimo tranquilo y contemplativo. Deja ir las expectativas. Simplemente sé.
2. Sostén la cuchara suavemente en la mano no dominante y acaríciala con uno o dos dedos de la otra mano. No ejerzas presión sobre ella.
3. Tu amigo se sienta a tu lado en silencio y te sugiere lo siguiente, que es posible que deba repetir varias veces:
   «A medida que acaricias la cuchara, te sientes cada vez más relajado y cómodo y la cuchara se vuelve cada vez más cálida y flexible. Además, sucede otra cosa. Con cada roce, los átomos de la cuchara se separan cada vez más, por lo que el metal se vuelve más y más blando.
   Sí, con cada roce el metal de la cuchara se vuelve cada vez más blando. Al cabo de un rato, notarás que hay una ligera sensación de movimiento debajo de los dedos cuando la cuchara comienza a doblarse. Notas los dedos más calientes y, tal vez, la cuchara parece diferente a medida que los átomos del metal cambian y se vuelve más flexibles. Sí, es más cálida y suave, apenas comienza a moverse un poco, lista para doblarse por sí sola». Etcétera.
4. Después de aproximadamente cinco minutos, es posible que tengas en la mano una cuchara que se ha doblado en dos.

EJERCICIO: Abrazos o caricias de cristales

Limpia tus cristales. Puedes hacerlo tocando un cuenco tibetano, agitando un palo de incienso encendido encima de ellos o incluso cantando «om» sobre ellos.

1. Si tienes varios cristales grandes, cada persona puede elegir uno y abrazarlo.
2. Si son más pequeños, cada persona elige uno y lo acaricia.
3. A continuación, mantén la palma de la mano a 2,5 centímetros del cristal y siente si está irradiando energía fría o cálida.
4. ¿Lo notas vivo o muerto? ¿Qué color tiene alrededor?
5. ¿El elemental del cristal se está comunicando contigo?
6. Cuando cada persona haya pasado un tiempo con su cristal, compartid lo que habéis experimentado.
7. Después dadles las gracias a vuestros cristales.
8. Limpiadlos de nuevo e intercambiadlos, para que podáis experimentar cómo se siente uno diferente.

EJERCICIO: Encuentra el unicornio

Éste es un juego para fomentar y desarrollar la sensibilidad a las energías. Se necesitarán al menos tres personas. Es muy adecuado para los niños.

1. Una persona sale de la habitación.
2. Los demás deciden quién invocará a los ángeles y quién a los unicornios.
3. Se colocan en el rincón del ángel o del unicornio y realizan sus respectivas invocaciones.
4. Luego, vuelven a llamar a la persona que ha salido de la habitación.
5. Ésta entra y siente la energía en cada rincón para adivinar quiénes son ángeles y quiénes unicornios.

EJERCICIO: Encuentra el unicornio (para dos personas)

Si sólo sois dos, una se sienta en silencio mientras la otra invoca a los ángeles o a los unicornios.

Cuando siente que ha absorbido la energía, la otra viene y siente sus campos de energía para detectar si ha invocado la energía de los ángeles o la de los unicornios.

EJERCICIO: Canción de unicornio

Es un ejercicio maravilloso para armonizar a un grupo y traer la energía del unicornio. Es divertido para un gran número de personas, pero puedes hacerlo sólo con dos.

Para un grupo grande

1. Divide el grupo en cuatro secciones, A, B, C y D, cada una de las cuales permanecerá en una habitación o en un espacio separado.
2. Cada grupo dedica esta sesión a la conexión con los unicornios.
3. Cada uno crea y practica una melodía o tonos de unicornio. Esto puede llevar diez minutos o más, así que aseguraos de dejar suficiente tiempo.
4. Cuando los grupos estén listos, regresan a la sala principal.
5. El grupo A canta su melodía o tono.
6. El grupo B se suma, armonizando con A.
7. Los grupos C y D se unen a su vez, todos armonizando juntos.
8. Sentid a los unicornios con vosotros mientras disfrutáis de los sonidos.

Para un grupo pequeño

1. Si sólo hay dos personas, cada una compone una melodía o tono, luego ambas los combinan para armonizarlos.

EJERCICIO: Canto y movimiento de unicornio

Divide el grupo en cuatro secciones como se ha indicado anteriormente. Esta vez cada grupo hace un simple movimiento que armonice con la melodía o el tono.

CAPÍTULO 43

JUEGOS DE UNICORNIO PARA NIÑOS

Todas estas sugerencias tienen como objetivo concienciar a los niños sobre los unicornios.

EJERCICIO: Haz un dibujo de un unicornio

Es importante hablar o pensar en los unicornios al hacer este ejercicio.

1. Realiza un dibujo de un unicornio, ya sea de este libro o del sitio web, o a partir de tu imaginación.
2. ¿De qué color quieres que sea? Si es blanco, déjalo en blanco, si es de un color, píntalo con acuarelas o con lápices de colores.
3. Dibuja tu propio fondo y coloréalo.
4. Cuando hayas terminado, pídele a tu madre que lo guarde en algún lugar.

Por supuesto, los adultos también pueden dibujar y colorear unicornios.

EJERCICIO: Parejas de cartas

Puedes hacer este ejercicio con una baraja de cartas ordinaria o con juegos de cartas de parejas. Cuando mis hijos eran pequeños, jugábamos a esto para desarrollar la memoria. Pronto me di cuenta de que hacía mucho más que eso, porque mi hijo desde los dos años comenzó a captar la baraja entera sintiendo cuáles eran las parejas. Sintonizó su habilidad psíquica.

Recuerda que no es una competición. Cuanto más te relajes, más fácil te resultará.

Puedes hacer el ejercicio con una o más personas. Si practicas solo, toma nota de cuántas veces necesitas girar las cartas para reunir cada pareja.

1. Antes de comenzar, relájate y sintonízate. Cuanto más cómodo te sientas, más podrás perfeccionar tu memoria y tu capacidad psíquica.
2. Extiende las cartas boca abajo. Cuando empieces, utiliza sólo seis parejas. Luego, aumenta el número a medida que mejores.
3. La primera persona coge dos cartas y las pone boca arriba. Si coinciden, se las lleva. Si no, las devuelve, boca abajo, al lugar de donde las recogió.
4. La segunda también coge dos cartas. Nuevamente, si coinciden, se las lleva.
5. Quien tiene más parejas al final del juego es la ganadora.
6. Cuanto más practiques, más desarrollarás tu capacidad psíquica.

EJERCICIO: El juego de la bandeja

Desarrolla la clarividencia y la memoria. Este juego es para uno o más jugadores. Si te relajas de antemano y abres tu hemisferio derecho para tener una imagen general de los objetos que hay en la bandeja, puedes desarrollar la clarividencia.

Para convertirlo en un juego de bandejas de unicornios, elige objetos que estén relacionados con ellos, por ejemplo, una piedra blanca, una flor, una pluma, la figurita de un caballo, una concha o una perla, algo que simbolice alas, cristales... Y puedes agregar una manzana o una zanahoria, ya que, aunque los unicornios no pueden comer ni saborear, sí pueden oler y les encanta el aroma de las manzanas y de las zanahorias.

Hay tres formas de recordar

1. Inventa rápidamente una historia, que incluya cada objeto como una manera de recordarlos. Si haces esto, utilizarás tanto el hemisferio derecho como el izquierdo.
2. Concéntrate y confía los objetos a tu memoria a corto plazo. En este caso, estás utilizando el hemisferio izquierdo.
3. Relájate y escanea la bandeja con un enfoque suave, de modo que una imagen general entre en el hemisferio derecho.

Practica este juego de diferentes formas

1. Una persona recoge una bandeja de objetos y los lleva a la habitación con un paño encima.
2. Antes de comenzar, respira profundamente y relájate.
3. El paño se retira de 15 a 30 segundos, dependiendo de la edad de los participantes. Luego se vuelve a colocar encima de la bandeja.
4. Escribe todos los objetos que puedas recordar.

Otra versión de este ejercicio es mirar la bandeja de objetos y luego quitar uno y, finalmente, descubrir cuál es.

EJERCICIO: Variación del juego de la bandeja

Cada persona coge un objeto de la bandeja. Se turnan para contar una historia al respecto, hacer un dibujo o inventar un poema o una canción. Por supuesto, se debe incluir un unicornio en la historia, el dibujo, el poema o la canción.

Sentido del ciego

1. Una persona cierra los ojos o lleva los ojos vendados.
2. Los demás se colocan en diferentes partes de la habitación o en cada uno de los rincones.
3. El «ciego» se acerca con cuidado a cada persona y siente su campo energético, pero no toca a nadie.
4. Intenta identificar a todos por su energía.

Sonido y sensación del «ciego»
Para facilitar lo anterior, los que se encuentren pueden tararear cuando se acerque el «ciego». Pero aún debe identificar a cada persona sin tocarla.

EJERCICIO: Caza de plumas de unicornio para niños

El objetivo de este ejercicio es recordarles a los niños la existencia de las plumas de ángel y de unicornio, así como divertirse.

Recoge pequeñas plumas blancas de tu jardín o cuando salgas a caminar.

También puedes comprar paquetes de plumas blancas. Explícales a los niños que tanto los unicornios como los ángeles dejan plumas para comunicarte que han estado cerca de ti. Esconde las plumas en tu jardín o en un parque.

Luego deja que los niños las encuentren. Dependiendo de su edad podrían recibir una pegatina por cada una que encuentren. Luego, pueden hacer un dibujo con sus plumas y pegatinas. O cada niño puede recibir un pequeño obsequio. ¡O podéis jugar simplemente por placer, sin ninguna recompensa adicional!

EJERCICIO: La pista del unicornio

El Jefe Unicornio (un adulto o un niño mayor) deja un rastro de plumas blancas o de pétalos blancos (que se disuelven orgánicamente) para que los demás lo sigan. Es posible que vean un unicornio mientras siguen el rastro.

EJERCICIO: Galletas de unicornio

Dale a cada niño una galleta normal. Deja que la decoren con glaseado. Los niños mayores pueden ponerles estrellas de unicornio o, incluso, trazar el contorno de un unicornio en glaseado o con bolitas plateadas.

EJERCICIO: Hacer un jardín de unicornios

1. Para la base, llena un recipiente bajo con musgo o recrea un oasis. Puedes utilizar un espejo pequeño o una lámina de plata para representar un pequeño estanque o arroyo.
2. Forma un sendero con piedras pequeñas.
3. Las ramitas hacen de árboles y se pueden pintar. Las piñas de abeto son una decoración muy bonita.
4. Flores frescas o secas. Recuerda pedirles primero permiso para recogerlas.
5. Si tienes figuritas de animales de corral, un caballo puede representar a un unicornio.
6. Personas de juguete. Otros animales.
7. Cualquier otra cosa pequeña que se te ocurra.

EJERCICIO: El claro del bosque

Puedes crear un claro del bosque utilizando hojas y ramitas para los árboles y, tal vez, recortar en papel algunas hadas o modelar setas de plastilina y crear un círculo de hadas.

EJERCICIO: «Bien hecho»

A todos los niños les encanta ser apreciados y que les recuerden las cosas que han hecho bien. Y, por supuesto, la manera más rápida de desarrollar cualidades positivas en los niños es concentrarse en ellas.

A la hora de dormir, mi hija tiene una sesión de «bien hecho» con su hija de cinco años y su hijo de dos. Se sienta en la cama y menciona las cosas buenas que han hecho, y agrega «Bien hecho». Mis nietos pequeños brillan y sé que es una parte importante de su rutina a la hora de acostarse. Si estoy allí, siempre puedo pensar en muchos «Bien hecho» para añadir. Los unicornios aman la inocencia y la pureza de los niños, así que pídeles que añadan sus bendiciones y su luz mientras lo haces.

Aquí te sugiero algunos «Bien hecho», aunque debes centrarte en un niño en concreto y en sus propias circunstancias.

- Bien hecho por ser educado con la vecina.
- Bien hecho por contestar tan bien al teléfono.
- Bien hecho por cuidar a tu hermanito.
- Bien hecho por cenar tan bien.
- Bien hecho por decir gracias con tanta amabilidad.
- Bien hecho por no montar un escándalo cuando no pudimos salir como te había prometido.
- Bien hecho por pintar tan bien.
- Bien hecho por ser amable con el niño de al lado.
- Bien hecho por compartir tus juguetes.

Los «bien hecho» realmente impactan en la conciencia. Un día, mi nieto de dos años tuvo una rabieta. Al cabo de un instante, paró y se dijo: «Bien hecho, Finn, por dejar de llorar tan rápido». Quizá un unicornio le dio un toquecito.

Todos somos increíblemente privilegiados por encarnarnos en la Tierra en este momento de oportunidad para el crecimiento espiritual. Nunca ha habido un período en el que hayamos dispuesto de tanta ayuda de los reinos espirituales. Yo también ofrezco este pequeño libro con amor y en nombre del reino de los unicornios.

El mensaje de los unicornios es:

Cuando te enfoques en una visión
más allá de ti mismo,
te ayudaremos hasta que tu esencia misma
resplandezca de luz.

EPÍLOGO

LA OLEADA DE UNICORNIOS

Desde la primera vez que un unicornio me visitó se han producido grandes cambios en el planeta. Vienen a la Tierra en una gran oleada para ayudarnos a prepararnos para la nueva Edad Dorada.

En 2015, el extraordinario arcángel Christiel, que está a cargo del reino de los unicornios, pudo acceder a este planeta porque para entonces nuestra frecuencia había aumentado lo suficiente. Este arcángel envía haces de luz a través de la puerta estelar de Lyra, de la Luna hacia la Tierra, para permitir que los unicornios inunden nuestro planeta.

Al mismo tiempo, desde 2015 las superlunas nos han bañado poderosamente en energía femenina divina y han permitido que, incluso, más unicornios accedan a la Tierra. Estos seres maravillosos llegan continuamente en estos tiempos tan especiales y completos.

Muchos de nosotros hemos abierto nuestros doce *chakras* de quinta dimensión y los unicornios nos están ayudando activamente. Mientras esto sucede, hemos activado el *chakra* causal, que se halla encima de la cabeza. Éste es el centro espiritual a través del cual podemos conectarnos con los reinos angélicos. Gracias a la activación de este *chakra*, son más los unicornios que pueden acceder a la Tierra.

¡Puedes contribuir en gran forma a la ascensión planetaria trabajando con tu *chakra* causal! Hablo de cómo los unicornios pueden hacer esto y de los nuevos unicornios de frecuencia de novena y décima dimensión en mi próximo libro. Estos seres iluminados llevan la luz de Cristo y te ayudarán a ascender a ciertos lugares de alta frecuencia para bañarte en piscinas de esta energía de amor puro.

Preparándose para la nueva Edad Dorada

La nueva Edad Dorada comenzará energéticamente en 2032. Para entonces, todo el planeta será completamente de quinta dimensión y también lo será la mayoría de las personas y de los animales. Los unicornios nos ayudan a alcanzar esa frecuencia en el tiempo. El proceso comenzó en el momento cósmico de 2012. Muchas personas tenían expectativas poco realistas sobre lo que sucedería entonces y pensaron que todo cambiaría en un abrir y cerrar de ojos; ésa, sin embargo, nunca fue la intención. A las 11:11 h de la mañana del 21 de diciembre de 2012, sonó el reloj cósmico. En ese momento, se iluminaron las grandes pirámides de Mesopotamia, Grecia, Tíbet, Perú, Centroamérica y Egipto, que son ordenadores cósmicos. Esto estaba preprogramado. Deberán publicar esta información lentamente, durante los próximos veinte años.

En el mismo momento, muchos portales y portales cósmicos que estaban programados para activarse en 2012 también comenzaron a despertar. Éste fue el instante en que la alarma cósmica los despertó de un sueño profundo. La mayoría de ellos tardarán hasta 2032 en despertarse por completo.

Ocurrirá lo mismo en 2032. Los unicornios animan y ayudan a tantas personas como sea posible a abrir y activar completamente sus doce *chakras* para ese momento. Cuando estén preparadas, sólo entonces, podremos llevar la luz de la Fuente a través de nuestros *chakras* hacia el *chakra* de la Estrella de la Tierra debajo de nuestros pies. Luego, esta luz de la Fuente será atraída por los arcángeles hacia las líneas ley antes de que se dirija a las pirámides. Aunque la mayoría de estas grandes estructuras han sido destruidas físicamente, todavía funcionan en plano etérico.

Para el año 2032, esta luz superior que fluye a través de los seres humanos de quinta dimensión energizará las seis pirámides cósmicas. Enviarán las claves y los códigos al Universo para poner a la Tierra en la alineación correcta con las estrellas, de modo que nuestro planeta ascienda a los niveles superiores de la quinta dimensión. Volveremos a ocupar el lugar que nos corresponde en el Universo.

Como hicieron en la Era Dorada de la Atlántida, los unicornios acompañarán a aquellos que estén listos para visitar otros sistemas estelares en sus cuerpos físicos con el fin de recuperar la sabiduría y la tecnología avanzada.

En los últimos años, he aprendido mucho sobre estos seres maravillosos. En verdad, son mucho más de lo que entendí cuando se conectaron por primera vez conmigo. Ahora soy consciente de que entonces yo era como una niña de párvulos y sólo me ofrecieron lo que podía comprender en ese momento. A medida que he ido pasando de curso, los unicornios me han dado mucha más información que compartiré en la secuela de este libro.

Los unicornios pueden transformar tu vida a nivel personal. También pueden trabajar contigo para transformar el mundo. Espero que disfrutes conectándote con ellos y enviándolos para ayudar a los demás y al mundo.

Pedí un mensaje final para este trabajo e, inmediatamente, sentí que la energía del unicornio blanco puro se acumulaba detrás de mí, lo cual fue una sorpresa. Por lo general, veo o siento que aparecen frente a mí. Por fin, el mensaje se formó en mi mente:

Siente o imagina nuestra energía de unicornio
rodeándote con luz blanca.
Así te vuelves como una perla llena de sabiduría.
Nuestra luz te permite liberar tu sabiduría y ser todo
lo que puedes ser.
Para ello, deja de hacer y tómate un tiempo para ser.
Recuerda que eres un ser cósmico
y que todos somos Uno.

Los unicornios

ACERCA DE LA AUTORA

El viaje espiritual de Diana Cooper comenzó hace mucho tiempo en medio de una crisis personal, a la edad de 42 años. Ella pidió ayuda al Universo y un ángel dorado apareció y la llevó a un viaje en el que contempló su futuro.

Diez años después, los ángeles reaparecieron y le pidieron que le hablara al mundo sobre los reinos angelicales. Cuando finalmente aceptó, le dieron información para que escribiera su primer libro sobre los ángeles. Después, han permanecido junto a ella todo el tiempo.

Diana ha escrito más de 30 libros y creado 11 juegos de cartas traducidos a 28 idiomas. Ha viajado por todo el mundo compartiendo la información que le dieron los ángeles, los unicornios, los dragones y los Iluminados. Actualmente, imparte una variedad de cursos en Internet. Diana también fundó la Diana Cooper School of White Light, una organización sin fines de lucro que ofrece cursos certificados de enseñanza espiritual en todo el mundo.

Para obtener más información, visita su página web:
https://dianacooper.com

ÍNDICE